Estratégias e materiais para o ensino de Português como Língua Estrangeira

Eds.
Eugênia Fernandes
Edvan Brito,
Célia Cordeiro

AOTP – American Organization
of Teachers of Portuguese

ÍNDICE

PARTE 4

INTRODUÇÃO

A heterogeneidade temática dos textos desta obra reflete a complexidade do ensino de português, amplamente debatida no VI Encontro Mundial sobre o Ensino de Português, em 2017, na *Florida International University*. Apesar de ainda aparentar ser uma língua tímida nos departamentos de espanhol e português no contexto americano, professores-pesquisadores mostram aqui as potencialidades multifacetadas do Português como Língua Estrangeira (PLE), Segunda Língua (PSL/PL2), Língua Materna (PLM) e Língua de Herança (PLH) , trazendo à tona debates contemporâneos acerca da lusofonia em contexto mundial ao abranger públicos-alvo e interesses de pesquisa variados.

A **Parte 1** deste livro debruça-se sobre a importância da interculturalidade no ensino de PLE assim como na relevância dos materiais pedagógicos utilizados, a par da reflexão contínua dos professores sobre os materiais didáticos e atividades pedagógicas utilizadas de modo a promover o sucesso das aprendizagens quer na língua segunda, quer na língua materna. No capítulo 1.1., Denise Barros Weiss e Mariana de Camargo Bessa propõem entender a sala de aula de PLE como um ambiente de interculturalidade de modo a conduzir ao sucesso dos alunos. Neste contexto, examinam o

"Seminário Janelas para o Mundo", promovido na Universidade Federal de Juiz de Fora, como palco para a vivência da interculturalidade. O seminário promove interações dialógicas entre estudantes com experiências linguísticas, culturais e políticas distintas. Por conseguinte, os alunos não só se tornam mais autoconfiantes a nível pessoal e linguístico no uso de português quando desempenham o papel de apresentadores, mas também se constituem recetores de abordagens culturais diversificadas quando funcionam como plateia, o que contribui para uma maior aproximação entre todos e todas. No capítulo 1.2., Sandra Figueiredo, Margarida Alves Martins e Carlos Fernandes da Silva analisam quatro escolas portuguesas no que se refere à diferenciação de cada uma para o contributo ao desempenho cognitivo e linguístico entre grupos de minorias linguísticas que se encontram em condição de aquisição do PL2. Tendo em conta a diferenciação de recursos pedagógicos e humanos de cada escola, concluem os investigadores que existe a necessidade de as escolas com maior recurso a materiais multimédia e a testes de proficiência colocarem em prática pedagogias diferenciadas de acordo com o contexto diversificado dos grupos de alunos cuja língua materna não é a portuguesa. Esse tema será retomado na Parte 3 desta obra, quando se discute a importância do reconhecimento dos perfis linguísticos dos aprendizes. Finalmente, no capítulo 1.3., Thenner Freitas da Cunha e Thais Fernandes Sampaio abordam a relação entre os resultados das avaliações internas e das avaliações externas dos alunos em língua portuguesa no Brasil. Tendo em conta que o desempenho dos alunos nas avaliações externas (AE) de língua portuguesa tem sido insatisfatório, propõem que as atividades didáticas sejam reflexivas e contextualidas, em sintonia com os gêneros e tipos textuais ensinados em sala de aula para que se verifiquem melhoramentos ao nível da leitura e da escrita na língua materna.

Na **Parte 2**, o artigo intitulado "O material didático de PLE/PL2/PLH no mundo digital em análise," Silvia Ines C. C. de Vasconcelos investiga algumas das características de um corpus formado por material didático para o ensino e aprendizagem de PLE/PL2/PLH disponível na internet. Em sua análise, Vasconcelos enfatiza quatro elementos principais, a saber: a) a filiação teórica que subjaz à abordagem do material didático; b) a metodologia de ensino implícita; c) o uso de recursos audiovisuais e d) a contextualização ou não dos fatos linguísticos apresentados. As conclusões preliminares da autora apontam para o fato de que os materiais didáticos disponibilizados na rede mundial de computadores com a finalidade de serem usados no ensino e aprendizagem de PLE, PL2 e PLH estão ancorados numa perspectiva teórica prescritiva que coloca a norma culta do português como o ideal de língua a ser ensinado e aprendido. Ao mesmo tempo, há propostas que apresentam uma abordagem mais ligada à variação linguística. Um outro ponto diz respeito ao enfoque dado aos recursos visuais (texto e imagem) em detrimento dos recursos sonoros. A última questão observada pela autora em sua análise é forma descontextualizada com a qual os fatos linguísticos são apresentados em muitos dos casos analisados. Diante desse diagnóstico, Vasconcelos sugere que haja mais diálogo entre pesquisadores da área de ensino e aprendizagem de PLE, PL2 e PLH e produtores de material didático para que haja maior circulação dos conteúdos produzidos por ambos os grupos. Em seu artigo intitulado "Mapeamento de perfis acadêmicos e otimização do uso das plataformas *Canvas* e *MyPortugueseLab* no ensino do português universitário", Eugênia Fernandes explora os diversos recursos disponíveis nestas duas plataformas digitais, que estão entre as mais utilizadas entre os profissionais que atuam no campo de ensino e aprendizagem de português como língua estrangeira, principalmente no contexto dos Estados Unidos. A etapa inicial da pesquisa foi a identificação do perfil e das necessidades de um grupo de aprendizes universitários usuários destas plataformas. Em seguida, Fernandes examina o conjunto de recursos disponíveis nas duas plataformas, focalizando as ferramentas que otimizam o uso de materiais autênticos que podem potencializar o desenvolvimento das competências linguística, interacional e estratégica dos aprendizes de PLE. Ao analisar os diversos modos de utilização dos recursos disponíveis nas plataformas *Canvas* e *MyPortugueseLab*, a autora contribui para o aperfeiçoamento da capacidade de uso destes recursos por parte dos professores de PLE, o que trará grandes benefícios não só para eles, mas também para os seus alunos. No terceiro e último artigo da Parte II, Michelle N. Valadão e Lívia F. Santana apresentam as diferentes possibilidades de uso do software *Lugares e Saberes*, que é resultado de um projeto intitulado "Jogos educativos adaptados para auxiliar o aprendizado escolar e social de pessoas com deficiências e distúrbios de aprendizagem," realizado com financiamento do Conselho Nacional de Pesquisa (CNPq) e da Fundação de Amparo à Pesquisa de Minas Gerais (FAPEMIG). Atendendo a uma forte demanda pelo desenvolvimento de material didático e recursos pedagógicos dentro da área dos jogos e aplicativos para computadores e celulares, as autoras descrevem *Lugares e Saberes* como um software que pode oferecer a usuários de diferentes faixas etárias atividades lúdicas e interativas capazes de incentivar e melhorar o desenvolvimento da alfabetização e letramento destes. Por disponibilizar funções de acessibilidade, tais como a tradução para a Língua Brasileira de Sinais (LIBRAS), este aplicativo pode ser usado também por usuários surdos que estejam aprendendo a modalidade escrita de PL2. Além disso, é possível que pais e professores acompanhem o desempenho dos seus filhos e alunos, respectivamente, a partir de relatórios de desempenho das suas atividades disponibilizados pelo software. Análises feitas pelas autoras sugerem que houve melhora da capacidade de leitura e escrita entre os usuários e por isso elas recomendam que o software *Lugares e Saberes* seja utilizado por todos aqueles interessados no ensino e aprendizagem de português como língua estrangeira ou segunda língua tanto em contextos educacionais quanto domiciliares.

A **Parte 3** desta obra se dedica a reflexões de cunho teórico-experiencial no âmbito do ensino de português em contexto brasileiro e europeu como primeira e segunda língua. O capítulo 3.1, de Josenildo Campos Brussio, aposta no ensino de PLM no contexto do ensino médio em uma escola pública em São Luís do Maranhão sob a perspectiva enunciativa de Émile Benveniste em consonância com a proposta dialógica de Mikhail Bakhtin. O autor partilha sua experiência com o uso de textos autênticos para a construção de sentidos por meio de uma correlação entre a norma culta e outras variedades presentes em excertos reais de comunicação. Brussio observa que ensinar uma língua é primordialmente uma atividade social. Para tanto, convida seus alunos para um trabalho experimental baseado em textos autênticos extraídos de contextos cotidianos daquela comunidade. O autor conclui que a ênfase nas regras gramaticais deve ser dada quando há uma necessidade imediata de entendimento de determinada situação linguística, como segmento da discussão do capítulo 2.1 acerca do enfoque restritivo dado à norma culta. No capítulo 3.2, Cristiane Batista do Nascimento e Layane Rodrigues de Lima compartilham seu trabalho feito na formação inicial de professores na área de Letras com foco na criação de sequências didáticas para o ensino de português para surdos no projeto "Elaboração de material didático de português como segunda língua para surdos". O trabalho realizado com 26 graduandos da Universidade Federal de Goiás trouxe aos futuros professores a oportunidade de sincronizar estudos teóricos às práticas de ensino da atualidade, promovendo reflexões e inovações na produção didática da área. No projeto, os estudantes foram convidados a construir unidades didáticas a partir de textos autênticos, contrastando os materiais usados na atualidade no ensino de português para surdos com as propostas teórico-metodológicas de ensino-aprendizagem de línguas para esses aprendizes. Paula Isabel Querido discute no capítulo 3.3 a complexidade presente nas formas de tratamento da língua portuguesa. A autora apresenta uma análise da relação entre estratificação e persistência na concretização desse sistema a fim de promover a construção de uma concepção social sobre o uso dos pronomes da criação de relações guiadas pela cortesia. Querido retoma a discussão acerca do plural de modéstia e da cada vez mais rara ocorrência do pronome "vós" na oralidade cotidiana do português europeu, indicando fenômenos linguísticos integrados à cortesia e à polidez em situações comunicativas. No capítulo 3.4, Hélvio Frank de Oliveira apresenta uma discussão pautada em uma pesquisa etnográfica e qualitativa realizada com doze alunos e uma professora do 8º ano do Programa de Educação de Jovens e Adultos em uma escola pública no interior de Goiás. Oliveira problematiza os letramentos sociais desses alunos, discutindo como são ignoradas as suas vivências fora do contexto formal de aprendizagem. O autor retoma em seu trabalho as premissas transdisciplinares das diretrizes legais da educação no Brasil, conectando os dados obtidos por meio de entrevistas e notas de campo à ausência do reconhecimento das práticas sociais dos discentes, já que, na sala de aula de língua portuguesa, notou-se um domínio da norma culta em detrimento às variedades trazidas pelos estudantes para a sala de aula.

Por fim, a **Parte 4** deste livro conta com três trabalhos que discorrem acerca de fatores afetivos, sociológicos e perceptivos no ensino de português. Luana Reis abrilhanta as discussões da obra no capítulo 4.1 ao debater as implicações do empoderamento feminino para o ensino-aprendizagem de línguas. A autora apresenta propostas e estratégias para o ensino de PLE sob uma pedagogia dedicada à responsabilidade social, debatendo a construção das representações das mulheres na sociedade, bem como a presença de suas produções artístico-literárias nos materiais didáticos da área. Reis também propõe estratégias pedagógicas que abrangem a (re)construção das representações sobre mulheres nos livros didáticos, debatendo questões de gênero, sexualidade, comunicação intercultural e identidades múltiplas. No capítulo 4.2, Giselle Menezes Mendes Cintado discute a relação intrínseca entre aspectos emotivos e cognitivos no processo de aprendizagem para contribuir com a promoção do papel da dimensão afetiva de aprendizes, majoritariamente hispanofalantes, do Programa Erasmus no sul da Espanha. Embasada em um debate que vincula cultura, sociedade e dimensão afetiva no ensino de línguas, a autora contrasta a influência da afetividade do ensino de português e a função dos processos interculturais nas aulas do Programa Erasmus. No capítulo, são discutidos ainda temas como motivação, interculturalidade e aplicação de teorias linguísticas à prática de ensino de PLE. No capítulo 4.3, Valdenildo dos Santos apresenta noções de tradução intersemiótica, quinese e efeitos de sentidos quinésicos, estésicos e patêmicos por meio da análise do *cartoon* audiovisual "Morte e Vida Severina", de Miguel Falcão, com base no poema homônimo de João Cabral de Melo Neto. O autor analisa a multimodalidade da obra de Falcão para promover reflexões de estratégias pedagógicas na leitura, que parte do plano estático para o dinâmico, entendendo os efeitos positivos da interpretação de imagem como agente motivador no ensino de português. Para Santos, a utilização de um trabalho de leitura de texto verbal, não verbal e sincrético pode resultar em considerável motivação dos aprendizes no ensino de línguas e literatura. O autor discorre ainda sobre a Teoria Semiótica da Figuratividade ao analisar o corpus, gerando reflexões que resultam em um conjunto de técnicas de leitura de imagem de outros enunciados também sincréticos.

A diversidade convidativa dos trabalhos organizados nesta obra indica o sinuoso e denso caminho da lusofonia na contemporaneidade, com discussões que acompanham não apenas as tendências teórico-metodológicas, como também a reconfiguração dos agentes pluricêntricos difusores da língua: professores, pesquisadores e demais membros das comunidades lusófonas mundo afora.

Os editores,

Eugênia Fernandes
Edvan Brito
Célia Cordeiro

PARTE 1

1.1 A ABORDAGEM INTERCULTURAL NO ENSINO DE PLE: A FORMAÇÃO DE FALANTES CULTURALMENTE SENSÍVEIS

Denise Barros Weiss
Mariana de Camargo Bessa
Universidade Federal de Juiz de Fora

Resumo: Em tempos de contatos linguísticos cada vez mais diversificados, de fronteiras porosas e de identidades negociadas e construídas na interação, entender a sala de aula de Português como Língua Estrangeira (PLE) como ambiente de contato intercultural é muito relevante para o sucesso dos alunos. Tomando como pressuposto que a abordagem intercultural é a mais desejável para a preparação do aluno culturalmente sensível, pretendemos analisar um evento da área de Português como Língua Estrangeira — "Seminário Janelas para o Mundo" — promovido na Universidade Federal de Juiz de Fora. Na tentativa de reconhecer o estudante como um sujeito plural, a iniciativa analisada visa promover interações dialógicas entre indivíduos com experiências culturais, linguísticas, sociais e políticas diferenciadas. Observou-se que a atividade foi benéfica para os alunos em dois sentidos. Como apresentadores, foi um impulso para o desenvolvimento de suas habilidades linguísticas e de sua autoconfiança no uso do Português. Como plateia, assistindo às apresentações dos demais, foi um contato com pontos de vista sobre a cultura de outros países que os aproximou dos colegas.

Palavras-chave: interculturalidade; cultura; Português como Língua Estrangeira

Introdução

O objetivo deste artigo é descrever uma atividade de caráter interdisciplinar e intercultural realizada no âmbito de uma faculdade de Letras de uma universidade federal brasileira, analisando os impactos do evento sobre os participantes. A partir dos conceitos de interculturalidade, de andaimagem e de protagonismo, observamos como o fato de participar de um evento dessa natureza interferiu no julgamento do participante sobre sua relação com pessoas provenientes de outros países e de outras culturas.

O evento em análise é uma sessão de apresentações públicas feitas pelos alunos estrangeiros participantes de disciplinas de Português como língua estrangeira. Essa sessão integra um seminário chamado "Janelas para o mundo", organizado pela equipe de português para estrangeiros na Universidade Federal de Juiz de Fora. O seminário objetiva, segundo seus organizadores, divulgar o ensino e pesquisa da Língua Portuguesa como L2 para os alunos de graduação em Letras da instituição e da comunidade, discutir questões específicas relativas à presença de pessoas de diferentes e nacionalidades na universidade e promover a interação entre alunos estrangeiros e brasileiros através da troca de experiências de caráter cultural.

(Janelas para o mundo, 2017[1]).

Essa sessão de apresentações constitui a parte do evento que mais atrai o público. Pessoas integradas ou não à instituição comparecem, motivadas pelo interesse em conhecer outras culturas.

A análise da reação do público ao evento foi feita a partir de um questionário respondido on-line tanto por alunos estrangeiros que fizeram apresentações quanto por pessoas que os assistiram. O resultado dessa análise revelou a satisfação dos alunos estrangeiros tanto com sua performance quanto pelo fato de eles terem ouvido os demais colegas.

Essa análise indica que o evento constitui uma oportunidade de contato intercultural para todos – participantes e ouvintes, e especificamente para os alunos um grande estímulo à aprendizagem da língua portuguesa, tanto na modalidade oral mais formal quanto na modalidade escrita. A preparação para o evento é um projeto individual do aluno cujo desenvolvimento demanda dele habilidades de fala e de escrita e ainda constrói sua confiança no uso da língua e lhe permite externar seus próprios pensamentos, sentimentos e opiniões sobre o tema escolhido. Ele se percebe autor, protagonista e usuário competente de português. Além disso, o evento desenvolve no grupo de alunos a solidariedade e a confiança entre pares, e estabelece laços que vão além do projeto em si – com repercussões no seu comportamento em sala de aula e no seu olhar sobre a sua aprendizagem.

Considerações de ordem teórica

Para se compreender o contexto em que o painel de apresentações dos alunos foi pensado, precisamos discutir brevemente alguns conceitos que norteiam a concepção de aula de língua estrangeira em que a atividade foi pensada e desenvolvida.

Em primeiro lugar, é preciso ver como compreendemos a relação entre língua e cultura no ensino de língua estrangeira. No nosso entender, e nisso somos acompanhadas por um grande número de autores, (Gimenez, 2001; Mendes, 2010; Almeida Filho, 2002), língua e cultura são elementos indissociáveis no processo de aquisição /aprendizagem de LE.

De acordo com a abordagem intercultural adotada por Gimenez (2001, p.110), "língua é cultura", e o ensino é conduzido por meio da exploração de um espaço intermediário que nos permite ir além do contraste entre a língua cultura própria e a língua cultura alvo. Ao se associarem os estudos de língua e de cultura, é corrente o pensamento de que se vai apresentar a cultura da língua-alvo ao mesmo tempo em que se ensina a língua alvo. Sempre que se tem oportunidade de discutir com os alunos aspectos da cultura da comunidade que emprega a língua-alvo está-se aprimorando sua capacidade

---

[1] Janelas para o mundo. Relações interculturais na UFJF. Blog. Disponível em: https://janelasparaomundoufjf.wordpress.com/. Acessado em 01/10/2017

de se expressarem de modo mais apropriado às circunstâncias e aos ditames sociais daquela comunidade.

Entretanto, se pensarmos sob o ponto de vista do aluno, é possível ver esse binômio língua-cultura por outro ângulo. Quem aprende uma língua, especialmente em imersão, o faz primordialmente para falar de si e dos seus. Assim, se conhecer a cultura da língua alvo é enriquecedor, poder falar da sua própria cultura é libertador.

Associado ao conceito de cultura está o de identidade, entendida neste artigo como uma construção social. O indivíduo define sua identidade em relação àquelas dos outros com quem interage em uma dada situação social. Nas palavras de Lin e Luk (2007): "a auto-representação ou os posicionamentos de uma pessoa poderiam não ser significativos e necessários se não fosse considerado o modo como ele/ela ou outros agentes estão situados em contextos socioculturais" (Lin e Luk, 2007, p. 49, tradução nossa[2]).

Pensando no aluno estrangeiro em situação de imersão, quando se tem limitações severas de comunicação por estar em comunidade linguística diferente daquela à que se pertence, essa construção social da identidade é dificultada e limitada. O acesso à língua é o que dará a esse indivíduo a oportunidade de se apresentar de maneira mais plena dentro da comunidade.

Quando se chega a um outro país e não se conhece a língua ali falada, uma pessoa deixa de ser capaz de ser identificada e conhecida na sua individualidade. Durante o tempo que dura a "surdez" e "mudez", ela é reconhecida como a estrangeira, a diferente, a portadora dos estereótipos atribuídos à sua cultura de origem. à medida em que essa pessoa vai vencendo as barreiras linguísticas que a separam dos falantes da comunidade de entorno, ela vai, lentamente, se dando a conhecer. Não é por acaso que os cursos de língua estrangeira se iniciam com "Eu sou", "eu estou" "Je suis", "I am", "Io me chiamo". O aluno quer e precisa saber como se referir a si mesmo e se dar a conhecer, ainda que minimamente. Chega um momento em que ele se encontra na sala de aula disposto a falar mais daquilo que lhe é caro - seus costumes, seus gostos pessoais, seus hábitos diários, suas diversões e preferências. Nesse momento, vai recorrer ao repertório que já adquiriu para se expressar.

Para que isso aconteça, não basta ao aluno ter os meios linguísticos para falar (ou escrever). Ele precisa saber organizar seu próprio pensamento e se adequar às circunstâncias - a audiência. E esse é um ponto sensível do processo. Falar de si para os outros significa revelar sua intimidade, de certo modo. E não se faz isso diante de estranhos. É preciso que o aluno se sinta

---

[2] "[...] a person's self representation or positionings would not be meaningful and necessary without considering how he or she or other key players are situated in the sociocultural contexts" (LIN e LUK, 2007, p. 49).

confortável e seguro no ambiente em que se encontra, que tenha confiança de que os colegas e o professor vão acolher suas colocações sem colocá-lo em posição difícil, constrangedora. Adotar uma perspectiva intercultural na sala de aula deve ajudar a criar e manter esse ambiente..

Multiculturalismo e interculturalidade são dois conceitos muito prevalentes nas discussões sobre o ensino de língua hoje. Heckmann (1993) apresenta-nos um olhar para o caráter multifacetado do multiculturalismo, baseado nos usos levantados por ele em contexto europeu. Brevemente, ele fala em sete modos de se abordar esse conceito: como indicador de mudança social; como uma instrução normativa-cognitiva; como uma atitude e uma norma; como uma interpretação do conceito de cultura; como uma atitude em face de aspectos de cultura de imigrantes; como um princípio político-constitucional e, finalmente, como um "bem intencionado, mas ilusório conceito que visa a necessidade de uma cultura, uma língua e uma identificação comum para se estabelecer integração social e estabilidade". [3]

A complexidade de relações abarcada pelo conceito foi descrita, entre outros, por Santos (1997), que o emprega em uma perspectiva otimista, como uma solução contra-hegemônica, oposta a uma globalização. Ele assim explica:

O multiculturalismo, tal como o entendo, é precondição de uma relação equilibrada e mutuamente potenciadora entre a competência global e a legitimidade local, que constituem os dois atributos de uma política contra-hegemônica de direitos humanos do nosso tempo. (Santos, 1997, p.112).

Diante das dificuldades apresentadas pelo conceito de multiculturalismo, tem-se empregado na literatura sobre ensino de línguas estrangeiras o conceito de interculturalidade. Embora também complexo, o conceito foca nas características das relações estabelecidas em qualquer nível entre indivíduos portadores de culturas diferentes.

Partindo do ponto de vista de que "a linguagem é usada para uma gama de propósitos interculturais" (Canagarajah, 2012, p. 117, tradução nossa[4]), o termo interculturalidade pode ser compreendido como um "intercâmbio que se constrói entre pessoas, conhecimentos, saberes e práticas culturalmente diferentes, buscando desenvolver um novo sentido entre elas na sua diferença" (Walsh, 2001 apud Candau, 2008, p. 52).

Do conceito de interculturalidade decorre o de competência intercultural. Fantini (2000) apresenta três características que definem essa competência:

1) habilidade de desenvolver e manter relacionamentos; 2) habilidade de

---

[3] "[...] well-intended, but illusory concept which overlooks the necessity for a common culture, language, and identification to enable societal and state integration and stability" (Heckmann, 1993, p. 245).

[4] "[...] language is used for a range of intercultural purposes [...]" (Canagarajah, 2012, p. 117)

se comunicar efetivamente e apropriadamente com mínimas perdas e distorções; 3) habilidade de concordar e cooperar com outros (Fantini, 2000, p.27, tradução nossa[5])

O contexto específico em que se desenvolveu a atividade de que tratamos neste artigo é uma turma de português como língua estrangeira, em situação de imersão, no Brasil, formada por alunos adultos de diferentes nacionalidades, em ambiente acadêmico - uma universidade federal. Trata-se de um grupo bastante heterogêneo quanto à origem étnica e background cultural. Há alunos de graduação e de pós-graduação, de áreas diferentes entre si. A disciplina oferecida tem sessenta horas de atividades, que ocorrem durante quatro meses, com dois encontros de duas horas aula por semana.

Em um grupo tão diverso, o exercício da competência intercultural entre os alunos é não apenas desejável: é vital para a eficiência do trabalho em sala. À medida que os alunos passam dos níveis iniciais de contato com a língua, nos quais a preocupação primordial é absorver aspectos gramaticais básicos, começam a acontecer momentos de discussões de temas - os conhecidos exercícios de conversação. Temas aparentemente superficiais e não-polêmicos como "cafés da manhã pelo mundo" ou " o que você bebe?" podem ser fonte de grandes mal-entendidos entre professor e alunos e entre os alunos. Críticas ao consumo de gordura, risadas diante de um café da manhã que parece, aos olhos de outras culturas, um almoço, incredulidade diante do hábito de comer arroz pela manhã, são situações que podem ser constrangedoras para o aluno que pretendia apenas mostrar esse aspecto da sua cultura em uma situação de ensino-aprendizagem. No segundo caso, a mera menção à frase "o que você bebe?", dita pela professora com a intenção única de fazer os alunos empregarem verbos da segunda conjugação no presente provocou uma resposta afiada do aluno de cultura islâmica: "Eu não bebo, sou muçulmano".

Incidentes como os descritos acima revelam a necessidade de estarmos sempre atentos às questões provocadas por diferenças culturais na sala. Mas é bom lembrar que o conceito de interculturalidade não implica somente a aceitação tranquila do outro. Ele abarca todo o espectro das ações e reações decorrentes do contato entre culturas - o que inclui os choques culturais, os embates entre alunos de países que têm entre si problemas geopolíticos, discussões entre alunos de nacionalidades cujos estereótipos incluem histórico de rivalidade entre si e até dificuldades entre alunos de culturas que incentivam muito a competitividade. Nessa última situação costuma haver problemas inusitados, como o que alunos que não falam na sala de aula para

---

[5] "Although researchers characterize ICC in various ways, three principal themes (or domains of ability) emerge: 1) the ability to develop and maintain relationships, 2) the ability to communicate effectively and appropriately with minimal loss or distortion, and 3) the ability to attain compliance and obtain cooperation with others [...] (Fantini, 2000, p.27).

não terem seus erros percebidos pelos colegas - de mesma nacionalidade. O resultado é previsível: pouco ou nenhum desenvolvimento de habilidades de fala, amplamente atestados em avaliações individuais orais.

Outro conceito adotado neste trabalho é o de andaimagem, concebido a partir a visão da língua como interação social. No caso em apreço, os alunos estrangeiros de um curso de português, a convivência entre eles gera muitas possibilidades de apoio mútuo - uma palavra que falta, uma opinião dividida. De certa maneira, esse apoio mútuo se contrasta com as situações de choque entre os alunos a que aludimos anteriormente. Por andaime (scaffolding) entendemos a situação em que, em um ambiente de aquisição de uma habilidade em que há mais de um participante envolvido, o participante mais experiente ou mais competente em determinado ponto apoia aquele menos competente, tornando possível a esse último executar uma tarefa que não conseguiria se estivesse sozinho. O termo vem dos estudos de Vygotsky (1994), e de estudos posteriores com base nessa obra. Entre outros estudiosos, Mehisto e colegas (2008) informam que andaimagem seria "uma técnica de aprendizado que auxilia os aprendizes a se sentirem emocionalmente seguros e motivados em seu objetivo de atingir resultados na aprendizagem" (Mehisto et al, 2008, p.139, tradução nossa[6]). Montenegro (2012) diz que "o termo andaimagem é uma metáfora utilizada por Wood et al (1976) para nomear algumas funções do tutor [...] trata-se de um suporte dado por alguém mais capaz em uma atividade a um aprendiz (Montenegro, 2012, p. 30). Na situação analisada neste artigo, a andaimagem ocorreu tanto por parte da professora que fornecia insumo de língua quando era solicitado quanto, de maneira menos perceptível, por parte dos colegas, que apoiavam com gestos e acenos de cabeça cada um dos dos apresentadores, interagindo com eles e por vezes também fornecendo algum insumo linguístico.

O último conceito relevante para este artigo é o de protagonismo. No âmbito da sala de aula, esse é, mais que uma atitude, um ideal a ser atingido. A sala de aula tradicional tende a ser um ambiente de relações assimétricas, em que o professor é o principal ator. Em Weiss (2007), discutiu-se o papel do professor e verificou-se que o aluno pode assumir funções características do papel atribuído ao profissional. Se o padrão é o professor ser o protagonista da cena, quando se invertem os papéis o aluno se torna o centro da atividade. É o que se vê no trabalho de Weiss e Oliveira (2016). Nesse artigo, descreveram-se os papéis de alunos durante um trabalho feito em grupo sem a presença do professor. O resultado foi que em cada grupo surgiu uma liderança que organizou a atividade e procurou manter o foco dos demais. A pesquisa feita indicou que a organização do aluno sem a presença

---

[6] "[...] scaffolding is a sheltered learning technique that helps students feel emotionally secure, motivates them and provides the building blocks - such as language or background knowledge - needed to do complex work" (Mehisto et al, 2008, p.139).

do professor parece torná-los mais conscientes da necessidade de terem um papel ativo na atividade ali proposta.

No evento aqui analisado, percebe-se que essa atitude também por parte dos alunos quando se preparavam para a apresentação. Como veremos, essa mudança de atitude teve repercussões até mesmo no esforço feito por alguns deles para falar português.

O seminário Janelas para o mundo

O projeto do seminário Janelas para o Mundo começou a tomar forma dentro da sala de aula de Português para estrangeiros, e por causa da iniciativa de uma aluna. Essa aluna, que fazia um trabalho social muito específico em seu próprio país, nos pediu espaço na aula de Português para falar um pouco do material que havia acabado de produzir. Ao lhe dar esse espaço, obtivemos uma plateia interessada e participativa, já que o tema era diferente de tudo o que habitualmente se discutia na sala de aula e que revelou uma faceta desconhecida da aluna que se apresentava a nós. Não demorou para que outros alunos quisessem apresentar também suas pesquisas. O comentário geral foi que era lamentável que tão pouca gente pudesse desfrutar daquele momento de troca de informações.

Como o grupo era formado por estudantes de graduação e de pós-graduação, começamos a pensar em uma forma de dar voz a cada um deles, sem haver uma discrepância muito grande entre as contribuições de cada um. Quando perguntados sobre o que gostariam de falar para uma audiência de fora da própria sala de PLE, vários disseram que gostariam de ter a oportunidade de contar coisas sobre o próprio país que eram desconhecidas dos brasileiros (e, provavelmente, de seus próprios colegas de outras nacionalidades).

O grupo então se organizou e, individualmente ou em dupla (eventualmente em grupos maiores), ficou responsável por uma apresentação de no máximo quinze minutos sobre um tema à escolha deles.

A primeira apresentação ocorreu no final do primeiro semestre de 2014. É importante explicar que esse grupo estava estudando português na UFJF há somente quatro meses e que havia, entre eles, alunos com um nível inicial de proficiência bem baixo (o que poderia ser descrito como A1). Foi-lhes facultado o direito de se apresentarem em inglês, se não se sentissem suficientemente confortáveis para experimentar falar em público em Português. Nas quatro edições do evento ocorridas até agora, ninguém usou outra língua, mesmo quando a dificuldade era patente.

A apresentação dos alunos estrangeiros gerou um efeito inusitado - quando da organização da primeira apresentação, começou-se a mobilizar, para além dos próprios alunos da disciplina, outras pessoas da comunidade da Faculdade de Letras - professores e alunos brasileiros do curso. Interessados em uma oportunidade de se reunirem para discutir questões relativas à prática em língua estrangeira, aos poucos foram se estruturando outras falas que acabaram por formar um conjunto de atividades em torno da apresentação. Assim, o seminário foi ganhando seus contornos.

A quarta edição do evento, realizada nos dias 28 e 29 de junho de 2017, contou com a presença de professores de outras instituições federais de ensino; alunos do curso de licenciatura em Letras; profissionais da área de Português como Língua Estrangeira e alunos estrangeiros. O foco do "Janelas" está na discussão de temas relevantes para o desenvolvimento da área de PLE na instituição e a apresentação aos interessados das facetas das comunidades no mundo a que nossos alunos estrangeiros pertencem.

Como se pode observar na configuração da programação, o evento tem como característica dar voz a diferentes atores sociais dentro do âmbito do ensino e da pesquisa na área. Embora bastante restrito, em termos de público, ele tem servido como um ponto de encontro de alunos de graduação e de pós-graduação com pesquisadores e professores que atuam na área, o que os ajuda a compreender melhor os desafios que são inerentes a esse trabalho e as soluções que têm sido pensadas para esses desafios.

Consistentemente, porém, observa-se que o maior afluxo de público é sempre no painel apresentado pelos alunos estrangeiros, confirmando sua importância como o diferencial desse encontro.

O painel

O painel se estrutura como um mosaico, sempre diferente, de olhares sobre a cultura de origem do apresentador. O nome do seminário, a rigor, teve como inspiração a ideia de se abrir janelas pelas quais se pode observar uma paisagem do mundo.

Essas apresentações não são previamente assistidas pela professora e os alunos são livres para empregarem quaisquer meios audiovisuais que considerem apropriados para ilustrar sua fala. Assim, há uma variedade nas apresentações, tanto em termos da profundidade do que é informado quanto em termos do material usado nas apresentações. Em termos de profundidade, há apresentações focadas em aspectos turísticos do país, em curiosidades e há, por outro lado, aquelas apresentações em que o aluno aproveita a chance para mostrar ângulos diferentes da cultura e até da política e economia de seu país. O fato de eles terem formações muito distintas interfere nas escolhas. No que se refere aos meios empregados, há o emprego quase padrão de conjuntos de *slides* de apresentação criados em programas como o Power Point ou ou Prezi, mas já houve apresentações com base em vídeos (turísticos ou próprios), músicas, fotos, mapas, e em ao menos dois casos, os apresentadores serviram algo à plateia: vinho (em uma apresentação sobre a Romênia em que a aluna mostrou os estereótipos ligados à sua cultura e terminou com uma brincadeira em que serviu "sangue do Drácula") e até um jantar cubano - na última edição, servido a mais de sessenta pessoas.

Como se pode depreender, o esforço de alguns alunos nos impressiona. Mas, para além das surpresas que ocorrem a cada edição, destacam-se algumas características da interação aluno-aluno e aluno/apresentação - aluno/plateia.

Depois da última edição do evento, construímos um instrumento de coleta de dados, na forma de um questionário divulgado on-line, que nos permitiu colher impressões dos participantes sobre o evento. desse questionário, destacamos aqui as duas perguntas finais, endereçadas aos alunos que haviam participado como expositores no painel. Conseguimos somente cinco respostas (o que atribuímos principalmente à dificuldade de se obter respostas a esse tipo de instrumento de pesquisa em época de férias escolares)

Analisaremos então essas respostas à luz da perspectiva intercultural e do protagonismo do aluno.

A primeira questão que analisamos foi: "Para você, falar sobre seu país foi importante? Por quê?" Obtivemos cinco respostas de participantes, aqui registradas exatamente como postadas por eles no formulário.

Resposta 1: "Geralmente as pessoas não conhecem informações corretas sobre meu país" (aluno 1).

Resposta 2: "A sim vocês podem conhecer é olhar um pouco a realidade é as particularidades de um pais muito perto de vocês no mesmo continente, pero com costumes é lênguas ou idiomas distintos" (aluno 2).

Resposta 3: "Cada persoa ama a seu país, e falar dela é fazer conhecer a outras persoas de aquele que uma ama, nos dá mas idéntidade en uma terra acolhedora" (aluno 3).

Resposta 4: "Sim porque os brasileiros não sabem muito bem sobre a Coreia" (aluno 4).

Resposta 5. "Sim. É importante porque o cidadão da Índia, eu acho que represento meu país e minha cultura" (aluno 5).

Das respostas acima, percebe-se que a primeira vantagem percebida pelo aluno foi a oportunidade de revelar sua própria versão sobre o que é a cultura de seu país. Destaca-se "informação correta", "vocês podem conhecer e olhar um pouco a realidade" "fazer conhecer a outras pessoas", "os brasileiros não sabem". Na última, o aluno resume o que se percebe quando se assiste a uma apresentação deles: eles se sentem representantes da cultura, autorizados a falar dela, portadores de uma opinião que eles consideram muito mais clara que aquela que uma pessoa de outra nacionalidade (e eles destacam os brasileiros como plateia) tem sobre isso.

É evidente que a fala sobre sua terra tem um componente fortemente emocional. Alguns chegam, de fato, a ter a voz embargada quando estendem suas bandeiras na sala de apresentações. E ali fica a maior força desse evento para a identidade desse aluno como cidadão de outro país - ele usa a língua estrangeira para dar a conhecer aos outros aquilo que é importante para ele.

A segunda pergunta cujas respostas analisaremos é como que um espelho da primeira. "É ouvir outras pessoas falarem sobre o país delas é importante? Por quê?" Novamente temos cinco respostas.

Resposta 1: Experiência multicultural

Resposta 2: Porque é uma forma curiosa, amena e interessante de viajar pelo mundo inteiro, alem de construir bonitas relaciones e interessantes amistades.

Resposta 3: Nos mostra outras realidades e nos ayuda a ser mas respeitoso com outras realidades.

Resposta 4: Sim porque nos podemos aprender mais

Resposta 5: Sim. Ele abre uma janela para conhecer outros países e culturas

Nessas cinco respostas observamos como o aluno vê a oportunidade de conhecer pela cultura do outro, um pouco de quem esse outro é. "Experiência multicultural" define a situação - experienciar é mais que assistir - é se envolver com aquilo a que se é exposto. Na resposta 2 vemos que o participante considerou a experiência como "curiosa, amena e interessante" - mostrando o interesse no que foi dito e a percepção de que aquele conhecimento lhe chega sem um esforço maior. Ainda nessa resposta, temos a palavra "amistades" - revelando a construção, a partir do conhecimento, de uma rede de contatos que vai além da relação entre colegas de sala. Na resposta 3, fala-se em respeito a outras realidades. Essa construção do respeito é fundamental, quando se tem pessoas de diferentes origens em uma sala de aula - é a prevalência da camaradagem sobre uma competição, por exemplo. As respostas 4 e 5 destacam o aprendizado.

Considerações finais

Só é possível haver uma interação baseada na interculturalidade quando se reconhece o outro como ser de direitos, em sua individualidade e com suas próprias visões de mundo. Se isso não acontece, fica-se preso aos estereótipos e mantém-se uma relação marcada por estranhamentos. O seminário Janelas para o Mundo pode ser caracterizado como uma atividade interdisciplinar que procura ter uma perspectiva intercultural ao promover um espaço de interações dialógicas entre indivíduos com backgrounds culturais, sociais e linguísticos diferentes. As trocas culturais entre os participantes e o respeito dos participantes (apresentadores e plateia) por aquilo que é apresentado. Assim, nesse evento, a ideia de cultura tem muito mais a ver com um processo para compreensão da alteridade do que com um conceito a ser definido.

Um outro aspecto a ser destacado se refere aos desdobramentos do evento. O seminário é um exemplo de atividade que pode promover o encontro entre alunos estrangeiros, uma parcela da comunidade acadêmica e pessoas que se interessam pelo assunto. Começou dentro de sala de aula, a partir da ideia de uma aluna de PLE, e tomou grandes proporções durante esses anos. Hoje é uma atividade esperada pela comunidade da faculdade de Letras e pelos alunos. Sob o ponto de vista do desenvolvimento das habilidades linguísticas dos alunos, é também algo bastante recompensador - alunos que estavam frequentando o curso por três meses fizeram um esforço considerável para se apresentarem em público. O fato de estarem usando a língua alvo para se comunicarem com uma plateia diferente daquela da sala de aula os fez perceber a função do que aprendiam e sentir que precisavam de dedicação se quisessem representar condignamente sua própria cultura. O efeito dessas apresentações é notório - no segundo semestre do curso aqueles que permanecem demonstram um envolvimento muito maior com as discussões travadas em sala de aula, assim como maior interesse e atenção quando os demais alunos apresentam seus pontos de vista sobre algum aspecto da realidade.

Isso nos leva a crer que esse tipo de atividades, ainda que consideradas simples do ponto de vista de quem observa, têm um grande efeito na promoção da interculturalidade.

Vale ressaltar a motivação dos estudantes em participar do Painel. De uma simples pergunta da professora ("o que eu quero mostrar do meu país para os brasileiros?") feita em sala para orientar os alunos durante a elaboração da atividade, foi possível perceber o interesse deles em produzir uma belíssima apresentação oral.

Referências bibliográficas

Canagarajah, Suresh. Postmodernism and intercultural discourse: world englishes. In: Paulston, Christina Bratt; Kiesling, Scott, F.; Rangel, Elizabeth, S.; The Handbook of intercultural discourse and communication. Wiley Blackwell, 2012, p. 110-130

Fantini, Alvino E. A Central concern: developing intercultural competence. SIT Occasional Papers Series: Addressing Intercultural Education, Training & Service, 2000, p. 25-43.

Gimenez, Telma. "Eles comem cornflakes, nós comemos pão com manteiga": espaços para a reflexão sobre cultura na sala de aula de língua estrangeira. In: Encontro de Professores de Línguas Estrangeiras - IX EPLE. Londrina: APLIEPAR, 2001.

Heckmann, Friedrich. Multiculturalism defined seven ways. *Social Contract Journal Issues. v. 3, n. 4, summer 1993, p. 245-246, Web. 01 Oct* 2017.

Janelas para o mundo. Relações interculturais na UFJF. Blog. Disponível em https://janelasparaomundoufjf.wordpress.com/. Acessado em 01/10/2017

Lin, Angel M. Y.; Luk, Jasmine C. M. *Classroom interactions as cross-cultural encounters:* native speakers in EFL lessons.London: Lawrence Erlbaum Associates, Publishers, 2007.

Mehisto, Peeter.; Marsh, David; Frigols, María Jesús. *Uncovering CLIL:* Content and Language Integrated Learning in bilingual and multilingual education. Macmillan Education, 2008.

Montenegro, Ana Josil Sá Barreto. Estratégias de andaimagem em textos pedagógicos orais e escritos. Dissertação (Mestrado em Linguística) - Programa de Pós-Graduação em Letras, Universidade Federal de Pernambuco, 2012.

Oliveira, Daniel Augusto de; Weiss, Denise Barros. Poder e assimetrias em uma sala de português como língua estrangeira multicultural. In: Alexandre do Amaral Ribeiro. (Org.). Ensino de Português do Brasil para Estrangeiros: internacionalização, contextos e práticas. Epublik, 2016. p. 168-188.

Santos, Boaventura de Souza. Uma concepção multicultural de direitos humanos. Lua Nova: Revista de Cultura e Política. n. 39, 1997, p.105-124.

Weiss, Denise Barros. Conversação em Aula de Português para estrangeiros. 2007. 232 f. Tese (Doutorado em Linguística) – Instituto de Letras, Universidade Federal Fluminense, Niterói, 2007.

1.2 PRESSUPOSTO CIENTÍFICO REVISITADO: APRENDIZAGEM DIFERENCIADA DE ACORDO COM O TIPO DE ESCOLAS E NÃO DE ACORDO COM AS MINORIAS LINGUÍSTICAS

Sandra Figueiredo
Universidade Autónoma de Lisboa
Margarida Alves Martins
ISPA – Instituto Universitário
Carlos Fernandes da Silva
Universidade de Aveiro

Resumo: O fator 'escola' é analisado pela literatura científica como crucial na conjuntura da explicação do desempenho cognitivo e linguístico dos alunos com origem na imigração e dos alunos em contexto de aprendizagem de Língua Estrangeira (LE). Porém, existe ainda uma importante lacuna quanto às especificidades dos efeitos que as escolas provocam em termos de desempenho e áreas de desempenho desses alunos, assim como sobre o modo como a escola pode moderar o efeito (no desempenho dos alunos) de outras variáveis paralelas tais como a língua materna e o nível socioeconómico. Também as dimensões do fator escola, como por exemplo os recursos e professores, não foram ainda claramente exploradas. O presente estudo tem como objetivo examinar essas relações de efeito e a predominância de variáveis que expliquem o desempenho e a diferenciação de performance entre grupos de minorias linguísticas que se encontram em condição de aquisição do Português como Língua Segunda (L2). É esperado verificar-se diferenças de desempenho, considerando quatro escolas portuguesas diferenciadas por tipo e qualidade de recursos (com foco no recurso 'avaliação de proficiência' dentro das escolas) percebidos pelos professores (i); é esperado que quando o efeito do tipo de escola é controlado, se verifique o aumento da relação de diferença estatisticamente significativa no desempenho entre os grupos não nativos (em várias tarefas de Português como Língua Segunda) dependendo da Língua Materna dos alunos (ii), da nacionalidade dos alunos (iii), e do nível socioeconómico dos alunos (iv). Os resultados obtidos esclarecem sobre a necessidade de diferenciação pedagógica nas escolas com maior recurso a testes de proficiência e a materiais multimédia. O *corpus* de resultados desta investigação será divulgado em formato de repositório eletrónico nacional com instrumentos e guiões para apoio aos docentes e outros profissionais quanto à construção de metodologias e à verificação de recursos e tarefas validadas nas escolas e respetivas salas de aula.

Palavras-chave: Escola e recursos de PLE; minorias linguísticas; Língua Segunda; Análise confirmatória.

Introdução

A escola tem sido pouco examinada como uma variável preditora do tipo e da qualidade de desempenho dos alunos imigrantes no espaço europeu

(Borgna & Contini, 2014; Schnepf, 2007), ao contrário da investigação profícua, e já desde a década passada, no contexto americano (Schneider, Teske & Marschall, 2000; Thomas & Collier, 1997). Referimo-nos ao desempenho linguístico em contexto, portanto, de Língua Segunda (L2) e ao desempenho em termos cognitivos. A performance em tarefas de língua exigem diferentes níveis de dificuldade e de especificidade cognitiva e esse é um dos principais alvos do estudo científico que estamos a conduzir em Portugal. Para a análise da variabilidade desses desempenhos – linguístico e cognitivo – está disponível abundante literatura com enfoque no efeito de variáveis como a idade, a Língua Materna (L1) e o status socioeconónico (SES). Contudo outras variáveis tem sido negligenciadas nesta linha de análise e que podem mesmo explicar o efeito das primeiras.

A idade tem sido comprovada como um fator preditivo de suma importância que delimita o tipo de capacidades esperadas em diferentes grupos etários durante tarefas e contextos de processamento de dados em Língua Segunda. É esperado que os indivíduos mais jovens tenham habilidades mais elevadas em L2 mas especificamente em determinados níveis de língua como o caso da fonética e fonologia, o que os predispõe, de forma vantajosa, à proficiência bilingue (Barac & Bialystok, 2012). Diferentemente da consciência morfológica em que os sujeitos mais velhos atingem melhores scores (Figueiredo, Alves Martins & Silva, 2015a). Por outro lado a L1 tem revelado influência predominante para esse processamento na medida em que diferentes línguas maternas computam de forma diferenciada, com mais ou menos dificuldade, na língua alvo (L2) (Barac & Bialystok, 2012; Collins, Sidhu, Lewis et al., 2014; McLaughlin, 2015). Um dos testes que utilizamos no nosso projeto de investigação é a prova de descodificação de palavras cognatas que avalia a capacidade de transferência mental dos sujeitos com base na informação armazenada pelo modelo mental das suas línguas maternas (Cummins & Swain, 2014; Figueiredo, Alves Martins & Silva, 2015b; McLaughlin, 2015). Esse modelo mental determina a velocidade de processamento e a criação mental de alternativas (estratégias cognitivas).

Já no que respeita à variável SES, esta tem sido também amplamente estudada para posicionar as competências das crianças de acordo com a situação socioeconómica familiar (Bornstein et al., 2014; Lavy, 2015). A relação entre um contexto socioeconómico desfavorável e baixo rendimento académico tem apresentado índices positivos de correlação. No entanto avaliar esta relação em populações imigrantes implica estar consciente da análise científica que o conceito de SES envolve (American Psychological Association, APA, 2012). Não se pode mensurar essa correlação computando o status socioeconómico como na maioria dos estudos populacionais. Pois, no caso da população com condição imigrante ou emigrante há variáveis adicionais e que estão intrinsecamente relacionadas: a etnia do grupo minoritário, a raça e a experiência migratória. Mesmo a utilização dos conceitos "minoria", "etnia" e "imigrante" suscitam controvérsia. No nosso estudo referimo-nos sempre a minorias linguísticas enquanto grupos de locutores especificamente determinados pelo denominador "Língua Materna". Imigrante refere-se à sua condição que originou a integração numa "minoria". E daqui se entende a sua "experiência migratória" que pode ser motivada por fatores que explicam parte do status socioeconómico pois a imigração é essencialmente motivada pela procura de melhoria de condições de vida ou pela saída forçada da pátria em contextos de conflito armado.

No entanto persistem lacunas na investigação científica tais como a parca análise sobre as especificidades dos efeitos que as escolas produzem quanto ao desempenho (linguístico e cognitivo) dos alunos com origem na imigração; sobre o modo como a escola pode moderar o efeito (no desempenho dos alunos) de outras variáveis paralelas tais como a língua materna (L1) e o status socioeconómico (SES); e sobre a estrutura da escola em termos de dimensão e localização, recursos e professores, existência de turmas multiculturais. É necessário investigar o modo como novas escolas enquanto instituições de acolhimento da mais recente geração imigrante estudantil estão a responder aos novos desafios cognitivos da população imigrante. Por outro lado, os indivíduos estão a reagir de forma diferente às mesmas tarefas aplicadas desde há décadas (Figueiredo, Alves Martins & Silva, 2017). O que, afinal, está a mudar? Qual a responsabilidade da escola em termos de cultura organizativa e de recursos? A investigação revela que os recursos das escolas variam consideravelmente, mesmo quando as escolas são da mesma área geográfica. Será isto uma variável significativa para compreender o sucesso académico das populações estrangeiras?

Neste trabalho analisa-se um estudo transversal de dados para confirmar a influência que as variáveis acima mencionadas exercem sobre o desempenho e a sua variabilidade entre grupos de minorias linguísticas que se encontram em condição de aquisição do Português como Língua Segunda (L2). Foram selecionadas minorias específicas de quatro escolas portuguesas, do distrito de Lisboa, entre o 2.º ano e o 12º ano, para a aplicação de tarefas de linguagem e de raciocínio verbal. Desta forma pretende-se não só verificar o efeito de cada variável no desempenho dos alunos nessas tarefas, assim como confirmar o efeito que a variável escola tem enquanto fator moderador da influência das outras variáveis. Os resultados indicam na amostra portuguesa novas direções para a explicação da variação da performance dos alunos e menor importância atribuída ao efeito da variável socioeconómica, contrariamente à evidência.

Metodologia
Evidência: A literatura confirma o papel preditor do fator 'escola' na explicação do desempenho cognitivo e linguístico dos alunos com origem na

imigração e dos alunos em contexto de aprendizagem de Língua Estrangeira (LE): dois contextos distintos (o caso da L2 e da LE). Mas, no contexto dos países de acolhimento cuja língua oficial não é o Inglês poucos dados se conhecem cientificamente validados.

Hipótese: É esperado que escolas com diferenças quanto à estrutura e quanto aos seus recursos ('cultura escolar') determinem diferentes desempenhos dos alunos imigrantes.

Amostra

36 crianças aprendentes de Português como L2, imigrantes, com idades compreendidas entre os 7 e os 18 anos, frequentando um segmento alargado de níveis escolares (2.º ano – 12º ano) e oriundos das seguintes regiões: China, Europa de Leste e Ocidental, PALOP's, América Latina, subcontinente indiano. 61% apresenta *condição de imigração* nos últimos três anos em Portugal.

Instrumentos

Uma das questões que se coloca na investigação, nesta área, é sobre a medição das diferenças cognitivas e linguísticas dos aprendentes de Português como L2. Desta forma, desde 2013, temos vindo a desenvolver e a aplicar em amostras de imigrantes portugueses vários testes de entre os quais enunciamos:

* Nomeação de imagens
* Semântica (ex. sinónimos)
* Analogias verbais
* Extração morfológica
* Vocabulário
* Teste de memória de texto
* Palavras cognatas
* Compreensão de linguagem não-literal

Para a avaliação dos desempenhos e respetivas diferenças, neste específico estudo, serão apresentados os resultados apenas sobre as seguintes tarefas de linguagem e de raciocínio: vocabulário (identificação e correspondência lexical), compreensão de texto não-literal, (descodificação de expressões idiomáticas em Português) extração morfológica (codificação de segmentos de palavras para constituição de palavras corretas em Português) e reconhecimento de palavras cognatas (descodificação de palavras com similaridades lexicais – visuais e fonológicas – em relação a vocábulos da L1 do sujeito). Estas tarefas integram uma bateria de quinze testes em validação no contexto de um projeto de Investigação de Pós-Doutoramento. Todas as medidas acima identificadas apresentam índice favorável de validade (alpha de Cronbach). De notar que, neste estudo, por "descodificação" se entende a compreensão de informação apresentada de forma completa (exemplo:

palavras e não morfemas como o caso do teste de palavras cognatas) e por "codificação" se deve entender a capacidade de completar informação de segmentos apresentados, intencionalmente, de forma insuficiente (o caso do teste de extração morfológica).

Análise de dados

Para tratamento e análise dos dados recorreu-se ao programa SPSS, versão 23. Primeiro foram testadas a homogeneidade da variância e a normalidade da amostra com os testes de Levene e de Shapiro-Wilk. Foi depois aplicado o Modelo de Equações Estruturais – AMOS/SPSS – Análise Fatorial Confirmatória (AFC). Note-se que na fase anterior do estudo foram concluídos testes estatísticos para avaliação das médias, desvios-padrão, testes de Tukey e valores de eta ($\eta2$) para determinar as diferenças estatisticamente significativas e os tamanhos de efeito. Esta fase dos dados não é reportada nesta apresentação.

Resultados e Discussão

O teste de Análise Fatorial Confirmatória foi utilizado para examinar as relações de efeito (direto e indireto) de variáveis que expliquem o desempenho e a diferenciação de performance entre grupos de minorias linguísticas que se encontram em condição de aquisição do Português como Língua Segunda. Estes são os resultados esperados:

1) Quatro escolas portuguesas diferenciadas por tipo e qualidade de recursos (com foco no recurso 'avaliação de proficiência'), identificados pelos professores (questionário aplicado, Figueiredo, 2017), providenciarão diferenças significativas no desempenho e na proficiência avaliada de grupos de minorias linguísticas;

2) Com o efeito direto da variável 'escola', verificar-se-á o aumento da relação de diferença estatisticamente significativa no desempenho entre os grupos não nativos dependendo da L1 dos alunos (ii), da nacionalidade dos alunos (iii), e do nível socioeconómico da família dos alunos (iv).

A AFC apresentou resultados que confirmam os dois pressupostos esperados. Para a AFC seguiu-se os parâmetros conforme a APA:

Comparative Fit Index (CFI > .95), Non-Normed Fit Index (NNF> .95), and Root Mean Squared Error of Approximation (RMSEA <.06-.08 or < .10), but considering the variability (values >.08) to which the RMSEA may be subject as recent papers have mentioned (Cheung & Rensvold, 2002; Kenny, Kaniskan, & McCoach, 2011)" as well indices of $\chi2$ (Figueiredo, 2017)

Resultado 1 (p <.05)

Confirma-se divergências entre as escolas portuguesas quanto ao uso de testes de proficiência e de avaliação de competências de alunos imigrantes.

Observa-se diferenças entre as escolas atendendo ao tipo de recursos (exemplo: testes, ferramentas digitais, manuais e programas de apoio linguístico e de acompanhamento familiar)

Resultado 2 ($p < .05$)

Concluiu-se diferenças na performance dos alunos (das escolas selecionadas) nos diferentes testes aplicados. A análise confirmatória comprovou, por um lado, a correlação entre a escola e a variabilidade de desempenhos dos participantes; por outro lado, constatou o efeito mediador ($p < .05$) da escola em relação a outras variáveis – nacionalidade e Língua Materna – na influência da performance. Concluiu-se que sem o efeito covariável da 'escola' as outras variáveis não apresentaram valor preditivo para a explicação da variância dos resultados nas tarefas. Verificou que outra variável surgiu com efeito causal direto: recursos da escola, nomeadamente os testes de proficiência (as escolas que os utilizam ou não, é isto uma importante variável no modelo testado).

Por outro lado, não se confirmou o efeito preditor da variável SES pois esta não se revelou como variável influenciadora, em termos estatisticamente significativos, para a performance dos participantes; apenas quando o efeito da escola foi controlado (covariável). Ver gráfico e tabela seguintes.

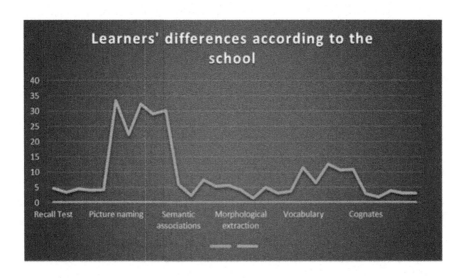

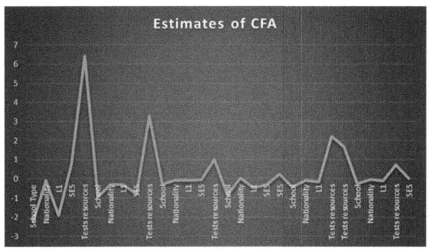

Fonte: Figueiredo, S. (2017). *Learning Portuguese as a Second Language.* Springer Briefs in Education. Springer (p. 26).

Regression unstandardized values of Confirmatory Factorial Analysis: variables influence for the students' performance in tests (model 1)

Tasks		Variables in the model	Estimate	S.E.	C.R.
Naming	<---	School Type	-2,236	,594	-3,767
Naming	<---	Nationality	-,083	,680	-,122
Naming	<---	L1	-1,918	,853	-2,248
Naming	<---	SES	,739	1,335	,553
Naming	<---	Tests resources	6,413	1,072	5,981
Semantics	<---	School	-,957	,234	-4,092
Semantics	<---	Nationality	-,301	,279	-1,079
Semantics	<---	L1	-,308	,346	-,892
Semantics	<---	SES	-,807	,522	-1,547
Semantics	<---	Tests resources	3,292	,433	7,608
Verbal analogies	<---	School	-,287	,112	-2,577
Verbal analogies	<---	Nationality	-,101	,124	-,811
Verbal analogies	<---	L1	-,077	,157	-,490
Verbal analogies	<---	SES	-,055	,249	-,222
Verbal analogies	<---	Tests resources	1,004	,197	5,094
Extraction	<---	School	-,860	,158	-5,433
Extraction	<---	Nationality	,040	,191	,211
Extraction	<---	L1	-,487	,236	-2,067
Extraction	<---	SES	-,305	,359	-,852
Cognates	<---	SES	,227	,229	,988
Cognates	<---	School	-,435	,101	-4,285
Cognates	<---	Nationality	-,094	,126	-,748
Cognates	<---	L1	-,170	,154	-1,106
Extraction	<---	Tests resources	2,228	,295	7,555
Cognates	<---	Tests resources	1,672	,194	8,639
Metaphor	<---	School	-,250	,060	-4,130
Metaphor	<---	Nationality	-,048	,070	-,675
Metaphor	<---	L1	-,102	,088	-1,155
Metaphor	<---	Tests resources	,731	,110	6,643
Metaphor	<---	SES	,011	,135	,084

Fonte: Figueiredo, S. (2017). *Learning Portuguese as a Second Language.* Springer Briefs in Education. Springer (p. 37).

Considerando que a evidência tem sobrevalorizado o papel da idade e da L1 para explicar as diferenças de performance dos sujeitos em tarefas cognitivas e linguísticas, os resultados deste estudo constatam que outras variáveis constituem também argumentos válidos para explicar a variância de *scores* dos aprendentes (e independentemente da idade, da nacionalidade e da L1). Agirdag, Merry, Van Houtte et al. (2014), Gandara, Rumberger, Maxwell-Jolly et al. (2013) e Kraut, Chandler, Hertenstein et al. (2016) confirmaram anteriormente a correlação observada neste estudo que apresenta uma relação causal entre a escola e os resultados obtidos por alunos imigrantes (sucesso académico), especialmente referindo-nos ao contexto europeu. Investigação recente (Agirdag, Merry, Van Houtte et al, 2014, Alba, Sloan & Sperling, 2001, Lavy, 2015, e Thomas & Collier, 2002) corroborou a correlação referida sublinhando que as escolas com mais recursos e mais programas de apoio são as que também apresentam maior taxa de sucesso académico das minorias (Portes & MacLeod, 1996). Pelo contrário, estes dados entram em conflito com os estudos de autores como Feniger e Lefstein (2014) e Niehaus e Adelson (2014). Estes indicaram o *background* cultural dos alunos imigrantes como principal fator quando comparado com o tipo de escola enquanto variável.

Este estudo, em Portugal, apresenta evidência que sugere que as diferenças existentes entre alunos não nativos devem ser consideradas sobretudo no que respeita às condições de acolhimento das escolas (e dos países) e que é provável que se desenvolvam conflitos culturais que se implicam nos percursos académicos. Também, investigação partilhada (na comunidade académica, nesta área) deve ter em foco a necessidade de novos testes e nova formação dos avaliadores (*test takers*) tendo em conta que as escolas europeias – o caso de Portugal – ainda não estão completamente 'respondentes' face a instrumentos validados e face a demandas cognitivas da nova geração de alunos não nativos. Atendendo a estes dados obtidos e às implicações da saúde psicológica, da adaptação social e da intervenção educacional, colocam-se outras questões para continuação desta investigação:

- a aquisição de L2 pode estar a contribuir como um preditor de comportamentos cognitivos diferenciados da atual geração de imigrantes nas escolas?
- as escolas em Portugal estão conscientes deste cenário e dos recursos necessários (e da sua validação)?
- o conceito de cultura de escola (enquanto escola de acolhimento de alunos estrangeiros) determina diferenças nas estratégias cognitivas?

Na verdade, os presentes dados e os indicadores de investigações recentes nestas áreas, mesmo que numa perspetiva transdisciplinar, apontam para a necessidade de análise de estratégias de processamento cognitivo pois estas estão provavelmente relacionadas/afetadas com as novas exigências das escolas, considerando as novas gerações de imigrantes. É altamente provável que os recursos e as atitudes das escolas (cultura escolar) estejam a afetar a avaliação da proficiência, por um lado, e o real conhecimento sobre a população escolar imigrante, por outro lado. E, na esfera da população não nativa ainda se insurge uma nova realidade que demanda diferenciação de testes e de preparação dos recursos humanos para o acolhimento escolar: a população refugiada, no contexto Europeu.

Agradecimento à Fundação para a Ciência e Tecnologia (FCT) e ao CIP (Centro de Investigação em Psicologia) da Universidade Autónoma de Lisboa, Portugal.

Referências bibliográficas

Agirdag, Orhan, Michael S. Merry, and Mieke Van Houtte. "Teachers' understanding of multicultural education and the correlates of multicultural content integration in Flanders." *Education and Urban Society* 48.6 (2016): 556-582.

Alba, Richard, Jennifer Sloan, and Jessica Sperling. "The integration imperative: The children of low-status immigrants in the schools of wealthy societies." *Annual Review of Sociology* 37 (2011): 395-415.

American Psychological Association. "Ethnic and racial disparities in education: Psychology's contributions to understanding and reducing disparities". 2012. Retrieved from http://www.apa.org/ed/resources/racial-disparities.aspx

Barac, Raluca, and Ellen Bialystok. "Bilingual effects on cognitive and linguistic development: Role of language, cultural background, and education." *Child development* 83.2 (2012): 413-422.

Borgna, Camilla, and Dalit Contini. "Migrant achievement penalties in western europe: do educational systems matter?." *European Sociological Review* 30.5 (2014): 670-683.

Bornstein, Marc H., et al. "Child development in developing countries: introduction and methods." *Child development* 83.1 (2012): 16-31.

Collins, Francis L., et al. "Mobility and desire: International students and Asian regionalism in aspirational Singapore." *Discourse: Studies in the cultural politics of education* 35.5 (2014): 661-676.

Cummins, Jim, and Merrill Swain. *Bilingualism in education: Aspects of theory, research and practice*. Routledge, 2014.

Feniger, Yariv, and Adam Lefstein. "How not to reason with PISA data: An ironic investigation." *Journal of Education Policy* 29.6 (2014): 845-855.

Figueiredo, Sandra, Martins, Margarida, Silva, Carlos, and Simões, Cristina. "A Comprehensive Assessment of Immigrant Students. Low-income Families' Effects and School Outcomes in Second Language Development." *The International Journal of Assessment and Evaluation, 22.2.* (2015a):1-11. http://ijlae.cgpublisher.com/product/pub.251/prod.62

Figueiredo, Sandra, Margarida Alves Martins, and Carlos Fernandes da Silva. "Second language education context and home language effect: language dissimilarities and variation in immigrant students' outcomes." *International Journal of Multilingualism* 13.2 (2016): 184-212.

Figueiredo, Sandra. "Learning Portuguese as a Second Language." (2017).

Gandara, Patricia, et al. "English Learners in California Schools: Unequal resources,'Unequal outcomes." *education policy analysis archives* 11 (2003): 36.

Kraut, Rachel, Tara Chandler, and Kathleen Hertenstein. "The interplay of teacher training, access to resources, years of experience and professional development in tertiary ESL reading teachers' perceived self-Efficacy." (2016): 132-151.

Lavy, Victor. "Do differences in schools' instruction time explain international achievement gaps? Evidence from developed and developing countries." *The Economic Journal* 125.588 (2015).

McLaughlin, Mireille. "Linguistic minorities and the multilingual turn: Constructing language ownership through affect in cultural production." *Multilingua* 35.4 (2016): 393-414.

Niehaus, Kate, and Jill L. Adelson. "Self-concept and native language background: A study of measurement invariance and cross-group comparisons in third grade." *Journal of Educational Psychology* 105.1 (2013): 226.

Portes, Alejandro, and Dag MacLeod. "Educational progress of children of immigrants: The roles of class, ethnicity, and school context." *Sociology of education* (1996): 255-275.

Schneider, Mark, Paul Teske, and Melissa Marschall. *Choosing schools: Consumer choice and the quality of American schools*. Princeton University Press, 2002.

Schnepf, Sylke Viola. "Immigrants' educational disadvantage: an examination across ten countries and three surveys." *Journal of population economics* 20.3 (2007): 527-545.

Thomas, Wayne P., and Virginia Collier. "School Effectiveness for Language Minority Students. NCBE Resource Collection Series, No. 9." (1997).

Thomas, Wayne P., and Virginia P. Collier. "A national study of school effectiveness for language minority students' long-term academic achievement." (2002). Retrieved from http://eric.ed.gov/?id=ED475048

1.3 O PAPEL DA GRAMÁTICA NA RELAÇÃO ENTRE ENSINO DE LÍNGUA PORTUGUESA E AVALIAÇÃO NA PERSPECTIVA DA ANÁLISE LINGUÍSTICA

Thenner Freitas da Cunha
Thais Fernandes Sampaio
Universidade Federal de Juiz de Fora

Resumo: Atualmente, os estudantes estão apresentando desempenho insatisfatório nas avaliações externas (AE) em Língua Portuguesa (LP), colocando em pauta a importância do trabalho com a perspectiva de gênero nas interações sociais e nos convidando a refletir sobre a pertinência e a urgência dos docentes repensarem a sua responsabilidade no desenvolvimento de competências de leitura e de escrita. É necessário que o ensino de LP esteja fundamentado na prática da Análise Linguística (AL), que corresponde a uma reflexão crítica das questões tradicionais da gramática normativa e da produção textual no que concerne à coesão e à coerência interna do texto e a adequação do texto aos objetivos pretendidos, englobando os estudos gramaticais, mas a partir de um novo paradigma, na medida em que os objetivos alcançados correspondem a outros aspectos não condizentes ao proposto pela gramática normativa. Diante disso, este estudo propõe pesquisar a relação entre as avaliações internas e externas. Realizamos uma pesquisa de natureza interpretativista, tendo como *corpus* itens utilizados nas avaliações externas e atividades realizadas por professores em sala de aula.

Palavras-chave: Avaliação Externa, Avaliação Interna, Ensino, Análise Linguística.

Introdução

A língua é um fenômeno social, por isso heterogênea, indeterminada e calcada em processos históricos e culturais. Diante dessa assertiva, a proposta dos Parâmetros Curriculares Nacionais (PCNs) de Língua Portuguesa criteriza um ensino de língua materna a partir da perspectiva teórica dos gêneros textuais, a qual vem contribuindo para os estudiosos da linguagem como um profícuo campo de descrição linguística que aborda o texto a partir de várias situações sociocomunicativas.

Muitos estudos, Dolz & Schneuwly (2004), Kleiman & Moraes (1999), Marcuschi (2003), Soares (2002), têm apontado que o professor, ao refletir sobre o ensino de língua na perspectiva dos gêneros textuais, pode contribuir com o trabalho de letramento escolar, criando estratégias promotoras de usos e análises relevantes sobre o funcionamento linguístico, fornecendo compreensão acerca dos procedimentos mais adequados para que o curso da aprendizagem se realize, tendo uma percepção da linguagem muito mais como parte das atividades da vida do que como instrumento para transmissão do saber normativo, descontextualizado e fragmentado.

Os gêneros textuais que são práticas textuais vinculados à vida social, entidades sócio-discursivas e formas de ação social fazem parte da situação comunicativa. Surgem lado a lado às necessidades interacionais. Nesse sentido, há, constantemente, uma explosão de gêneros. O trabalho pedagógico com os gêneros presentes na sociedade pode tornar as aulas muito mais interessantes e significativas, desenvolver nos alunos sua competência textual e contribuir para que o aluno, de certa forma, sejam preparados para fazer o uso da comunicação nas muitas esferas de comunicação humana que se constituem na interação social.

Ensinar gêneros textuais é atividade que tem despertado o interesse de numerosas escolas e professores, o que pode significar o estabelecimento de condições significativas de melhoria do ensino e aprendizagem de língua. Para que isso ocorra, porém, é preciso refletir sobre as razões para adotar o ensino de gêneros como instrumento de comunicação e a sequência didática como metodologia de ensino. Escolhido o gênero que se quer ensinar, é preciso acompanhar o desenvolvimento da aprendizagem desde a primeira escrita e primeiras leituras. Para tornar a sequência didática eficiente, o professor pode elaborar fichas de acompanhamento. Organizadas de acordo com o gênero trabalhado, as fichas tornam-se mapas do itinerário que o professor deve levar sua turma a percorrer ao longo da sequência didática. Desta forma, percebemos que a prática de avaliação é uma intervenção que está presente nas ações de qualquer educador. Nesse sentido, faz-se necessário que esse assunto 'avaliação' seja amplamente discutido, para que se possa aprofundar cada vez mais nessa temática.

Avaliação externa e interna

A avaliação sempre foi um tema recorrente no contexto educacional e, habitualmente, tinha apenas na aprendizagem dos alunos o foco de seu debate. Mais recentemente, tendo em vista a dilatação de iniciativas de avaliações externas, temos presenciado o deslocamento desse foco para esse outro tipo de avaliação, a avaliação externa ou avaliação em larga escala, que é aquela elaborada por profissionais de fora do cotidiano escolar.

A avaliação em larga escala é um fenômeno que não passa mais despercebido nos sistemas de educação básica de todo o país. Esta cultura impregnou-se na educação brasileira desde a criação do Sistema Nacional de Avaliação da Educação Básica (Saeb), em 1990, e nasceu com dois objetivos: avaliar a qualidade, a equidade e a eficiência do ensino e fornecer subsídios para a formulação de políticas públicas. Para tanto, ele gera médias estaduais, regionais e uma nacional. A aceitação por parte das equipes escolares não foi imediata, mas aos poucos grande parte de quem oferecia resistência se convenceu de que o país dava um passo à frente ao buscar um diagnóstico geral do ensino.

Alguns estados e municípios quiseram ir mais fundo e obter informações de cada uma de suas escolas, criando instrumentos próprios para investigar o nível de aprendizagem dos alunos de sua rede. Os resultados desses testes podem definir políticas públicas, como a de bonificação por desempenho quanto aos resultados, correspondendo ao acréscimo de salário para docentes. Neste contexto, a Avaliação em Larga Escala foi implementada pelo MEC, com o objetivo de possibilitar uma percepção mais ampla da realidade e contribuir para diagnosticar a situação da educação brasileira, visando sua melhoria quantitativa e qualitativa.

As informações produzidas pelas avaliações em larga escala permitem a implementação de ações mais condizentes com a oferta de uma educação de qualidade e promoção da equidade de oportunidades educacionais.

De acordo com o Centro de Políticas Pública e Avaliação da Educação (CAEd), da Faculdade de Educação da Universidade Federal de Juiz de Fora (UFJF), as avaliações em larga escala utilizam, como instrumentos, testes de proficiência e questionários contextuais, que permitem avaliar o desempenho escolar e os fatores intra e extraescolares associados a esse desempenho. Os testes de proficiência são elaborados a partir das Matrizes de Referência, que indicam o que é avaliado para cada área do conhecimento e etapa de escolaridade, informando as competências e habilidades esperadas, em diversos níveis de complexidade. As matrizes são compostas pelas habilidades passíveis de aferição por meio de testes padronizados de desempenho que sejam, ainda, relevantes e representativas de cada etapa de escolaridade e, portanto, não esgotam o conteúdo a ser trabalhado em sala de aula. Cada habilidade da Matriz de Referência dá origem a um item, que é o nome dado para as questões que compõem os testes da avaliação em larga escala. Os itens são elaborados para obter do aluno uma única resposta a cerca da habilidade avaliada. A partir da análise das respostas dos alunos aos itens, pode-se calcular sua proficiência para aquela habilidade. O item é constituído por enunciado, suporte, comando e alternativas de respostas, que podem ser os distratores ou o gabarito. *O enunciado* é responsável por impulsionar os estudantes a solucionar os problemas apresentados. *O suporte* equivale a uma imagem, um gráfico, uma tabela, um texto ou outro recurso que apresente uma situação-problema ou um questionamento com informações necessárias à resolução do item. *O comando* corresponde à orientação dada ao estudante para a resolução do item. Esse deve ser preciso e estar nitidamente atrelado à habilidade que se pretende avaliar, explicando com clareza a tarefa a ser executada. *As alternativas de resposta* são apresentadas numa lista de quatro ou cinco opções, sendo apenas uma correta – o gabarito. São denominadas *distratores* as alternativas de resposta que não estão corretas, mas que devem ser plausíveis, referindo-se a raciocínios possíveis dos estudantes. Assim, o distrator pode revelar uma competência que não foi adquirida pelo estudante e mostrar o caminho que o professor deve seguir para sanar essa dificuldade. A proficiência, que é calculada a partir dos testes, pode ser interpretada pela utilização da Escala de Proficiência e dos Padrões de Desempenho. O processo de interpretação da Escala de Proficiência é a tradução dos resultados da medida da habilidade em termos de seu significado cognitivo e educacional. Desta forma, especialistas das áreas avaliadas, utilizando as proficiências dos alunos e os parâmetros dos itens, interpretam o que significa pedagogicamente estar em determinadas categorias de desempenho. Os Padrões de Desempenho são agrupamentos a partir da proficiência obtida nas avaliações em larga escala por meio da Teoria de Resposta ao Item (TRI). Esses padrões podem ser divididos em três ou quatro níveis, de acordo com as diretrizes pedagógicas adotadas pelos municípios e estados. O agrupamento visa a facilitar a interpretação pedagógica das habilidades desenvolvidas pelos estudantes, pois apresenta a descrição das habilidades distintivas de cada um de seus intervalos, em um continuum, do nível mais baixo ao mais alto.

De acordo com o Instituto Nacional de Estudos e Pesquisas Educacionais Anísio Teixeira (INEP), um dos objetivos das avaliações em larga escala é que os resultados apresentados sejam incorporados pelos professores, diretores, gestores e pela própria sociedade, e que fomentem o debate e um trabalho pedagógico que subsidie a melhoria da qualidade educacional em todo o País.

Mesmo com toda discussão, percebemos que na prática os alunos estão apresentando desempenho menos satisfatório nas Avaliações em Larga Escala em Língua Portuguesa. Os resultados dos testes de proficiência mostram que, cada vez mais, os estudantes estão saindo dos 9º e 3º anos, Ensino Fundamental e Médio respectivamente, com habilidades e competências aquém das esperadas para tais etapas de escolaridade. Os resultados mostram, também, que, com o passar das etapas, a maior concentração dos estudantes está alocada em Padrões de Desempenho mais baixos.

Essas questões põem em pauta a importância do trabalho com a perspectiva de gênero nas interações sociais, bem como nos convida a refletir sobre a pertinência e a urgência dos docentes repensarem a sua responsabilidade no desenvolvimento de competências de leitura e análise desse domínio, com vistas a:

1. Estimular nos alunos o melhor desempenho na interpretação e produção de variados gêneros textuais orais e escritos (notícias, artigos de opinião, publicidades, entrevistas, entre outros), os quais consideramos paradigmáticos na diversidade temática, estilística e composicional dos textos com os quais nos deparamos no dia a dia.

2. Levar os alunos à compreensão de que todos os gêneros de texto são artefatos culturais e, portanto, reveladores dos sujeitos produtores, de sua história e de suas crenças;

3. Discutir com os alunos as características de variação e heterogeneidade

linguísticas, fazendo-os perceber a língua como fenômeno situado, determinado, histórico, dialógico e ideológico.

4. Propiciar que os estudantes compreendam a noção de adequação linguística, levando-os ao entendimento de que os diferentes modos de uso da língua são igualmente funcionais e que o prestígio de uma variedade é resultado de suas contingências sócio-históricas.

O ensino de língua portuguesa na perspectiva da análise linguística

No Brasil, nas últimas décadas, o modelo de ensino de Língua Portuguesa vem sendo questionado a partir da proposta da Análise Linguística (AL). Apesar dessa perspectiva já nortear a prática pedagógica, a maioria das instituições de ensino continuam restritas à concepção de gramática normativa-prescritiva. É necessário que o ensino de Língua Portuguesa esteja fundamentado na prática da Análise Linguística. Dessa maneira, o uso da expressão "Análise Linguística" não pode ser considerado mais uma terminologia sem importância, mas sim uma realidade que deve ser, o quanto antes, posta em prática, pois proporciona uma reorientação para o ensino de português, baseado na leitura e escrita de textos, e na análise dos problemas encontrados nos textos, em vez de apenas exercícios estruturais de gramática que os alunos não fixarão e, muitos menos, aprenderão. Mendonça (2006) destaca que a AL corresponde a uma reflexão crítica das questões tradicionais da gramática normativa e da produção textual no que concerne à coesão e à coerência interna do texto, adequação do texto aos objetivos pretendidos, bem como a organização e inclusão de informações. Sendo assim, a AL engloba os estudos gramaticais, mas a partir de um novo paradigma, na medida em que os objetivos alcançados correspondem a outros aspectos não condizentes ao proposto pela gramática normativa.

A autora ressalta que, numa perspectiva sociointeracionista de língua, a AL constitui um dos três eixos básicos de língua materna, ao lado da leitura e da produção textual. Por isso, a AL apresenta como objetivo central refletir sobre os elementos e fenômenos linguísticos, considerando o desenvolvimento das habilidades de falar, ouvir, ler e escrever os textos em Língua Portuguesa. Nesse aspecto, a posição do professor de português não pode ser centrada unicamente em regras e exercícios de memorização. O ensino de Língua Portuguesa exige uma prática pautada na comunicação e na interação entre os sujeitos, como propõe Vygostsky (1998). Não significa que o ensino da gramática normativa não venha a acontecer, adverte Geraldi (2003). É função da escola, como afirma os PCNs (1997), instrumentalizar o indivíduo para que atue de forma plena na sociedade na qual está inserido. No entanto, o trabalho com a concepção de gramática normativa deve estar baseado na Análise Linguística. Com isso, é preciso que a revisão gramatical se faça à luz das novas propostas da reflexão linguística. Só assim, a gramática será vista na perspectiva da linguagem como forma de atuação social, incluída, portanto, naturalmente na vida dos sujeitos falantes. Desta forma, um dos primeiros passos para que a Análise Linguística se torne realidade nas escolas brasileiras é fazer com que as propostas curriculares de Língua Portuguesa deixem de ser prescritivas e se tornem reflexivas, valorizando, dessa forma, o domínio de competências que permitam a plena participação do indivíduo, enquanto cidadão, nas atividades exigidas pela sociedade.

Conforme afirma Franchi (1998), é preciso que os professores percebam que a falta de reflexão está sobre o que realmente se está fazendo, quando se faz gramática no modo que fazemos. Diante disso, é de extrema importância que se perceba as limitações e equívocos da prática escolar, do modo como a linguagem foi entendida durante todo esse tempo, como um manual sobre a arte de falar e escrever bem.

Em relação às interações estabelecidas em sala de aula, Tassoni (2000) sinaliza que ao assumir como social o processo de aprendizagem deve-se focar as interações, e os procedimentos de ensino tornam-se fundamentais. Desse modo, o que é dito, como é dito, em qual momento e por que, bem como o que se faz, em que momento e por que afetam a relação professor-aluno, o que irá também influenciar na relação de ensino e de aprendizagem.

Diante disso, este trabalho propõe pesquisar a relação entre as avaliações internas e externas. Os itens, utilizados nas avaliações externas, e as atividades, utilizadas em sala de aula pelos professores, avaliam com base na perspectiva da Análise Linguística, que é a perspectiva assumida na orientação oficial para o ensino de LP, especialmente, nos PCNs? Avaliações externas e internas estão em diálogo? Como o trabalho do professor, em sala de aula, com a Análise Linguística pode levar os alunos a desenvolver habilidades e competências, apresentando melhores resultados de proficiência nas avaliações externas?

Análise de dados

Para ilustrar a discussão apresentada, escolhemos uma habilidade que os estudantes apresentaram um baixo desempenho nos resultados das avaliações externa. A habilidade escolhida foi a descrita pelo descrito **D2 – Estabelecer relações entre partes de um texto, identificando repetições ou substituições que contribuem para a continuidade de um texto.**

Esse descritor exige que os alunos estabeleçam relações entre partes de um texto, identificando repetições ou substituições que contribuem para a continuidade de um texto. As habilidades que podem ser avaliadas por este descritor relacionam-se ao reconhecimento da função dos elementos que dão coesão ao texto. Dessa forma, os alunos poderão identificar quais palavras estão sendo substituídas e/ou repetidas para facilitar a continuidade do texto e a compreensão do sentido. Essa habilidade é avaliada por meio de um texto no qual é necessário que o aluno identifique relações entre as partes e as informações do texto como um todo.

O que o aluno precisa aprender na sala de aula?

1) Reconhecer e empregar pronomes como elementos coesivos responsáveis pela reativação do referente em um texto;

2) conhecer as diversas formas de referência pronominal associadas às diferentes possibilidades de se dirigir a interlocutores em diferentes contextos de comunicação;

3) reconhecer diferenças entre a norma padrão e o uso não- padrão de pronomes em textos diversos;

4) saber que a escolha pronominal está condicionada a fatores, tais como: a natureza do texto, o grau de formalidade ou informalidade, os objetivos da interação, a natureza da modalidade, se oral ou escrita

Conhecimentos prévios que precisam ser trabalhados pelo professor com o aluno:

1) Conhecer pronomes pessoais (pessoais, oblíquos e de tratamento), possessivos, demonstrativos, indefinidos e interrogativos;

2) 2) conhecer os termos essenciais da oração: sujeito/predicado;

3) 3) conhecer as relações de anáfora e catáfora.

A seguir, apresentamos um exemplo de item que avalia a habilidade apresentada acima.

Exemplo de item do descritor D2

O hábito da leitura

"A criança é o pai do homem". A frase, do poeta inglês William Wordsworth, ensina que o adulto conserva e amplia qualidades e defeitos que adquiriu quando criança. Tudo que se torna um hábito dificilmente é deixado. Assim, a leitura poderia ser uma mania prazerosa, um passatempo. Você, coleguinha, pode descobrir várias coisas, viajar por vários lugares, conhecer várias pessoas, e adquirir muitas experiências enquanto lê um livro, jornal, gibi, revista, cartazes de rua e até bula de remédio. Dia 25 de janeiro foi o dia do Carteiro. **Ele leva ao mundo inteiro várias notícias**, intimações, saudades, respostas, mas tudo isso só existe por causa do hábito da leitura. E aí, vamos participar de um projeto de leitura?

CORREIO BRAZILIENSE, Brasília, 31 de janeiro de 2004. p.7.

No trecho "Ele leva ao mundo inteiro várias notícias..." (l. 6-7), a palavra sublinhada refere-se ao

(A) carteiro.

(B) jornal.

(C) livro.

(D) Poeta

(E)

43

Percebemos que no item acima, o aluno não precisa classificar a palavra ele, em destaque, como sendo um pronome pessoal de 3ª pessoa do caso reto, exercendo a função de sujeito, mas sim perceber sua função coesiva no texto, fazendo uma referencia anafórica à palavra carteiro que apareceu anteriormente. Neste item, o aluno precisa entender que o pronome ele foi usado para substituir a palavra carteiro, matendo coerência e coesão textual. A seguir, apresentamos duas atividades usadas por professores de Língua Portuguesa em sala de aula, em uma cidade do estado de Minas Gerais, no Brasil.

Atividade 1

Identifique os pronomes pessoais retos e oblíquos e escreva-os na tabela indicada.		
	Pronome pessoal reto	Pronome pessoal oblíquo
a. O mestre calou-se.		
b. Eles se alegram em praticar o bem.		
c. Peço-vos que aceiteis minha proposta.		
d. Vim saber se tu precisas de mim.		
e. Vejo-a sempre à saída do escritório.		

Atividade 2

Marque a alternativa que indica em qual classificação do pronome se encaixa a palavra em negrito:

"Perto de casa havia um barbeiro que **me** conhecia de vista."

  a. ( ) indefinido
  b. ( ) possessivo
  c. ( ) interrogativo
  d. ( ) pessoal oblíquo

Nas atividades acima, percebemos que os alunos não fazem uma reflexão acerca do uso dos pronomes, apenas os identificam e os classificam de acordo com suas funções. A maioria das atividades coletas em nosso banco de dados são deste tipo, ou seja, não exigem dos alunos reflexão linguística acerca do uso dos pronomes e suas relações de referenciação anafórica ou catafórica.

Considerações Finais

Como resultado parcial de nossa pesquisa, percebemos a importância da aproximação da Avaliação Externa com o contexto da sala de aula. Conforme afirma Franchi (1998), é preciso que os professores percebam que a falta de reflexão está sobre o que realmente se está fazendo, quando se pensa no ensino de gramática no contexto da sala de aula. É preciso que as atividades sejam reflexivas, contextualidas de acordo com os gêneros e tipos textuais. Diante disso, é de extrema importância que se perceba as limitações e equívocos da prática escolar, do modo como a linguagem foi entendida durante todo esse tempo, como um manual sobre a arte de falar e escrever bem.

Referências bibliográficas

Antunes, I. Repensando o objeto de ensino de uma aula de português. Aula de português: encontro e interação. 2º ed. São Paulo: Parábola, 2002. p. 107-153.

_____. O que são regras de gramática? Muito além da gramática. São Paulo: Parábola Editorial. 2007. p. 70-77.

Bakhtin, M. Os gêneros do discurso. In: _____. Estética da criação verbal. Tradução de Maria E. Galvão G. Pereira. São Paulo: Martins Fontes, 1992. p.261-306.

Franchi, C. Criatividade e gramática: São Paulo: SE/CENP, 1998

Geraldi, J. W. (org.). O texto na sala de aula. 4 ed. São Paulo: Ática, 2003.

Kleiman, Ângela B.; MORAES, Silvia E. Leitura e interdisciplinaridade: tecendo redes nos projetos da escola. Campinas-SP: Mercado de Letras, 1999.

Kock, Ingedore Grunfeld Villaça. *Desvendando os segredos do texto.* São Paulo: Cortez, 2002.

Marcuschi, Luiz Antônio. A questão dos suportes dos gêneros textuais (UFPE/CNPq- 2003).

Mendonça, M. Análise Linguística no Ensino Médio: um novo olhar, um outro objeto. In: Clécio Bunzen e Márcia Mendonça (orgs). Português no ensino médio e formação do professor. São Paulo. Parábola Editorial, 2006.

Sbert, Cati e Sbert, Maite. Quem avalia na Educação Infantil? Uma experiência na área de Educação Artística. Em: Ballester, Margarita e cols. Avaliação como apoio à aprendizagem. Porto Alegre: Artmed Editora, 2003, pp. 67-63.

Schneuwly, Bernard. Gêneros e tipos de discurso: considerações psicológicas e ontogenéticas. In: Schneuwly, Bernard; Dolz, Joaquim. Gêneros orais e escritos na escola. São Paulo: Mercado das Letras, 2004.

Soares, M. O Português na escola. História de uma disciplina curricular. In: Bagno, M. (org.). Linguísitca da norma. São Paulo: Edições Loyola, 2002, p. 155-176.

Vygotsky, L. S. A formação social da mente: o desenvolvimento dos processos psicológicos superiores. Organizadores Michael Cole. Traduzido por José Cipolla Neto, Luís Silveira Menna Barreto, Solange Castro Afeche. 6.ed. São Paulo: Martins Fontes, 1998.

PARTE 2

2.1 O MATERIAL DIDÁTICO DE PLE/PL2/PLH NO MUNDO DIGITAL EM ANÁLISE

Silvia Ines Coneglian Carrilho de Vasconcelos
Universidade Federal de Santa Catarina

Resumo: A análise de materiais didáticos postados no mundo digital, cujo foco é o ensino de Português como língua estrangeira, segunda língua ou língua de herança, foi motivada pela expansão da língua portuguesa no mundo atual e o decorrente aumento da procura por seu ensino ou por sua aprendizagem. Tal fato colaborou para o aumento da produção de material didático na internet, especialmente em relação à língua portuguesa do Brasil. Uma análise mais acurada desse acervo merece atenção de pesquisadores. Os critérios utilizados para a análise englobaram: a) filiação teórica que subjaz à abordagem do material didático; b) metodologia de ensino implicitada; c) uso de recursos audiovisuais e d) contextualização ou não dos fatos linguísticos apresentados. Os resultados obtidos na presente etapa da pesquisa podem ser assim resumidos: a) filiação teórica centrada na norma culta da língua, tomando o sistema da língua como estático ao lado de propostas filiadas a concepções que levam em conta a variação linguística; b) uso constante de recursos visuais mais do que verbais (áudio) e c) fatos linguísticos descontextualizados em muitos dos casos analisados. Esse quadro indica a necessidade de maior diálogo entre pesquisadores e produtores de material didático de PLE/PL2/PLH.

Palavras-chave: material didático; língua portuguesa; internet.

Introdução

O ensino de língua portuguesa como língua estrangeira ou segunda língua teve um desenvolvimento mais acelerado a partir dos ventos globalizantes, sentidos durante o século XX, especialmente no final de sua segunda metade. Tal fato está intrinsecamente atrelado aos movimentos econômicos e culturais que se estabeleceram nesse período, marcado pela mudança do cenário europeu do pós-guerra, do desligamento de muitas colônias, especialmente em África, de suas metrópoles, da dissolução do bloco comunista, das diásporas, do avanço das ações marcadas pela ideologia capitalista, que de alguma forma repercutiram em todo o globo terrestre. Em vista desse quadro, o ensino de língua portuguesa como língua estrangeira (PLE) ou segunda língua (PSL) foi alavancado por ações políticas de Portugal e suas instituições, o que proporcionou a elaboração de um conjunto de saberes específicos os quais geraram uma massa considerável de material didático. Nesse contexto, especialmente afetado pelas diásporas lusófonas, notadamente a brasileira, houve um investimento na modalidade de língua de herança, a partir, também, de iniciativas de famílias brasileiras que instituíram grupos de ensino e estudo, cursos, programas, eventos acadêmicos ou não acadêmicos e material didático e influenciaram políticas linguísticas como

Ana Lúcia Lico, Beatriz Cariello, Luis Gonçalves, Felicia Jennings-Winterle, Glaucia Silva, Ivian Destro Boruchowski, nos EUA, Ana Souza, na Inglaterra, Katia de Abreu Chulata, na Itália, Magaly Dias de Quadros, em Dubai, e Mirian Müller, na Suíça, dentre muitos outros brasileiros atuantes em vários continentes.

O conjunto de ações empreendidas, em décadas passadas, por muitos dos pioneiros do ensino de PLE e PSL, pode-se dizer, deu-se de modo intuitivo e improvisado, em se considerando o quadro de referência relativo à formação profissional ou acadêmica de ensinantes de português já referido por Almeida Filho (1993; 2011) e Vasconcelos (2003). Nos estudos desses dois autores já havia indicadores de que os encarregados do ensino de língua portuguesa como língua estrangeira ou segunda língua, quer no Brasil quer no exterior, não haviam trilhado um caminho de estudos ou pesquisa na área da linguagem, da metodologia de ensino e aprendizagem de línguas ou de reflexão sobre a elaboração de material didático para tais fins. Nesse sentido, as ações de ensino ficavam pautadas em práticas assentadas em experiências pessoais e, muitas vezes, em concepções de língua ou linguagem que não levavam em conta o sujeito da enunciação, as relações pragmático-discursivas envolvidas no projeto de dizer e de ouvir. Embora os conhecimentos referentes aos avanços das pesquisas na área da Linguística e da metodologia de ensino de línguas não sejam evidenciáveis nos registros das aulas ou nos materiais didáticos produzidos, muitas propostas apresentam atividades criativas que merecem análise e divulgação. Essas observações podem, em alguma medida, ser aplicáveis também às iniciativas dos precursores do ensino de PLH. Importa, ainda, salientar que um movimento bem acentuado, em relação à profissionalização do professor de PLE, PSL e PLH (bem como de outras vertentes do ensino de língua portuguesa[1]), vem sendo implementado em várias universidades brasileiras bem como em várias instituições de diversos países em que essas modalidades de ensino encontram-se presentes. Evidenciam-se com isso indicadores de reflexões mais aprofundadas tanto teóricas ou metodológicas quanto políticas, concernentes às práticas pedagógicas e à elaboração de material didático, sustentadas por pesquisas acadêmicas que colocam em cheque muitos mitos

---

[1] PLN – Português Língua Nativa, PLM – Português Língua Materna, PLH – Português Língua de Herança, POLH – Português Língua de Herança, PSL ou P2L – Português como Segunda Língua, PL2 – Português Língua Segunda, PL2E – Português como Segunda Língua para Estrangeiros, PSLS – Português como Segunda Língua para Surdos, PBSL – Português Brasileiro como Segunda Língua, PTL – Português como Terceira Língua, PLNM – Português Língua Não Materna, PFOL – Português para Falantes de Outras Línguas, PLA – Português Língua Adicional, PBLA – Português Brasileiro como Língua Adicional, PPP – Português Para as Profissões, PLAc – Português Língua de Acolhimento, PLV 1, 2 e 3 – Português Língua Viva, PFE - Português para Fins Específicos, PI - Português Instrumental, PBE - Português Brasileiro para Estrangeiros (fonte: Luis Gonçalves; facebook.com/luis.gonçalves, 23 de agosto de 2017, Roosevelt, New Jersey, USA).

relativos aos fatos de língua e seu ensino.

Pesquisadores como Luis Gonçalves e Glaucia Silva, nos USA, Antonio Carlos Paes de Almeida Filho, Nelson Viana, Regina Silveira, Vera Cristovão, Viviane Baggio, Maria Luiza Ortiz-Alvarez, Aparecida Regina Borges Sellan, Silvia Vasconcelos e Idalena Oliveira Chaves, no Brasil, dentre outros, contribuíram para o desenvolvimento das pesquisas no campo do ensino de língua portuguesa, especialmente no âmbito das práticas voltadas à implantação de programas voltados ao desenvolvimento e à manutenção da língua da língua portuguesa como língua estrangeira, segunda língua ou de herança.

As pesquisas empreendidas abrangem desde o processamento cognitivo de enunciados de língua portuguesa por falantes de outras línguas, descrições de fenômenos fonético-fonológicos, morfológicos, sintático-semânticos e pragmáticos, a práticas, culturas e crenças de aprender e ensinar uma língua não-materna. Esse conjunto de conhecimentos constitui um acervo importante na área da língua portuguesa como PLE, PSL e PLH.

Como forma de contribuir para a construção de um arcabouço crítico que dê sustentação às ações pedagógicas do ensino de PLE, PSL e PLH bem como à elaboração de material didático, empreendemos uma pesquisa de cunho qualitativo cujo foco principal centrou-se nos materiais didáticos postados em redes sociais (facebook, youtube), blogs e sites direcionados ao ensino de língua portuguesa nas modalidades acima indicadas. Foram selecionadas as páginas que apresentavam interatividade frequente, ou seja, com acessos no mínimo semanais. Embora a pesquisa não seja quantitativa, foi necessário estabelecer um parâmetro de frequência, pois o critério de frequência a uma página do mundo digital é um dos indicadores da vitalidade de uso, já que o alto número de acesso e em periodicidade constante tem sido a base de validação do prestígio de uma página, site ou blog. Esse critério, ainda que possa ser contestado, por ser exclusivamente numérico, ou seja, marcado em bases quantitativas, é o que tem sido utilizado para "ranqueamento" da ordem de aparição do link (nos primeiros lugares) quando se realiza uma pesquisa na rede digital mundial (GOOGLE.COM. 2018). A partir desse critério de alta frequência das páginas selecionadas, porque, repetindo, indica uma assiduidade na interlocução entre os usuários daquelas páginas, foi estabelecido o universo de análise que consistiu em 50 páginas da rede digital mundial as quais disponibilizaram, a partir de postagens, algum material didático ou alguma proposta didática (exemplos, explicações, entrevistas, narrativas, quadros com exemplos, entre muitos outros gêneros didáticos). Depois dessa seleção de 50 páginas, foram selecionadas as 15 de maior acesso, restringindo a um universo de análise com alta representatividade em relação à circulação de idéias, concepções e exemplos com finalidades didáticas para o ensino de língua portuguesa como LE/SL/LH. As análises foram guiadas a partir das seguintes categorias: a orientação teórica no campo da linguística e da linguística aplicada, a orientação metodológica das práticas pedagógicas, o uso de recursos visuais (foto ou vídeos) ou de áudio e a contextualização (ou não) do conteúdo linguístico. Em relação ao PLH, mas facilmente desdobrável para todas as outras modalidades de ensino de português, de acordo com Boruchowki e Lico (2017):

> Um currículo para um curso de PLH deve propor atividades contextualizadas, em que os aprendizes percebam o sentido social das situações propostas (entrevistar alguém, recitar para alguém, escrever um bilhete, compor um livro, compartilhar histórias, etc.). Dessa forma, cria-se a oportunidade de explorar a diversidade cultural e linguística em diferentes interações e situações na(s) língua(s) de herança. O princípio norteador é entender que uma língua-cultura é um sistema simbólico e social. Seu aprendizado não pode ser explorado de forma mecânica e por meio de exercícios de repetição. Ele pressupõe a participação das crianças como sujeitos desses sistemas." (p.32)

Nesse sentido, um dos itens de análise é exatamente verificar a contextualização ou não dos conteúdos apresentados e como isso traz mais qualidade ao material didático.

As análises dos materiais didáticos postados no mundo digital em páginas da rede social, sites e blogs, a partir das categorias eleitas, encontram-se explicitadas a seguir.

Análises
Postagens contextualizadas x descontextualizadas

Bastante comuns são as postagens com conteúdos fora de contexto, apresentados de forma solta. Em geral são postadas palavras isoladas ou numa frase sem explicitação do entorno pragmático. Vejamos um exemplo presente num blog voltado ao ensino de PLE[2]

EXPRESSOES DE SENTIMENTO:

ADMIRAÇÃO / ALEGRIA:	ESPANTO:
É mesmo?	Incrível!
Meu Deus!	Meu Deus!
Não diga!	Nossa Senhora!
Nossa!	Que absurdo!
Puxa vida!	Que coisa!
Puxa!	Que horror!
Santo Deus!	Que susto!
Será possível?	

---

[2] http://deboragerbase.blogspot.com.br/2012/11/expressoes-de-cortesia.html Acesso em 12 fev 2017

Nesta tabela estão muitas formas de expressar sentimento tanto de admiração ou alegria quanto de espanto. É realmente uma boa lista, com muitas possibilidades de uso. No entanto, não há explicitação de uso e em qual contexto cada expressão caberia melhor. Observemos que há a expressão "Santo Deus!" e a "Meu Deus!" classificadas de modo diverso. Qualquer uma delas poderia entrar na lista de admiração/alegria quanto na de espanto. A categorização das expressões de sentimento fora de contexto está congelada em tabelas que, de certa forma, mostra aderência a uma concepção de língua como sistema estático. Embora seja útil tal acervo de expressões (e isso é notado pelos comentários positivos postados no blog), o contexto situacional-discursivo-pragmático está ausente.

Por outro lado, há investimentos que se dirigem para propostas mais contextualizadas. É o caso do material didático disponibilizado pela Rede Brasil Cultural do Itamaraty, no link Material Didático[3]. Por exemplo, o Lições brasileiras, Nível 1 – Módulo 1 – traz, nesta unidade de aula sobre "Apresentação pessoal e apresentação de outra(s) pessoa(s), um roteiro completo com indicação de situação de uso, com ilustrações, explicações e exercícios. Vejamos:

Documentação
Carteira de Identidade (RG)

O que é? É um documento emitido para cidadãos nascidos e registrados no Brasil e para nascidos no exterior, que sejam filhos de brasileiros. Serve para confirmar a identidade da pessoa e para solicitação de outros documentos. O registro é válido em todo o território nacional e substitui o passaporte em viagens para a Argentina, Paraguai, Uruguai, Chile, Bolívia, Colômbia, Equador, Peru e Venezuela.

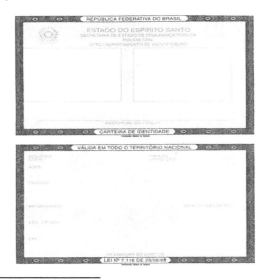

---

[3] http://redebrasilcultural.itamaraty.gov.br/material-didatico Acesso em 10 mar 207

Certo x errado gramaticalmente - negação da variação linguística

Os estudos linguísticos das últimas décadas do século XX evidenciam a riqueza das línguas em suas infinitas variações e como tal fenômeno concorre para a modelagem plástica do pensamento para além do que se supunha a partir das teorias estruturalistas de língua. A produção científica focada na observação, análise, descrição e explicação das variações linguísticas vem crescendo exponencialmente no Brasil tanto em termos de artigos e livros como na produção de atlas da variação linguística brasileira. Mesmo com tanto investimento em pesquisa nessa área, ainda assim muitas postagens desconsideram os resultados dessas investigações e apresentam conteúdos para o ensino de língua portuguesa como LE, SL ou LH pautados em concepção normativa da língua.

Bastante usuais são as postagens que apresentam o "gramaticalmente correto". Esse tipo de enunciado circulante na internet toma a língua numa visada dicotômica. De um lado há uma forma correta. De outro, há o errado. E as referências a uma única forma correta de se enunciar em língua têm sido corriqueiras e abundantes nas páginas do mundo digital (VASCONCELOS, 2017).

Um caso exemplar está na postagem numa página da rede social Facebook, intitulada Dicas Básicas de Português, publicada em 24 de fevereiro de 2017.

Dicas Básicas de Português[4]

	ERRADO	VS	CERTO
	Sentou **na** mesa para comer.		Sentou **à** mesa para comer.
	Vai assistir **o** jogo hoje.		Vai assistir **ao** jogo hoje.
	Chegou **a** duas horas.		Chegou **há** duas horas.
	Para **mim** fazer.		Para **eu** fazer.
	Fazem cinco anos.		**Faz** cinco anos.
	Ao meu ver.		**A** meu ver.

---

[4]https://www.facebook.com/DicasBasicasPortugues/photos/a.768005193347974.10737418 28.767934566688370/779475328867627/?type=3&theater Acesso em 3 abr 2017

Esses casos têm alta ocorrência em material direcionado a exames de concursos públicos no Brasil[5] cujo público alvo é o falante nativo e, portanto, não atende à demanda do aprendente de PLE e PSL. A concepção de língua subjacente a essas postagens está fundamentada na dicotomia certo x errado, desconsiderando as tendências do uso da língua bem como os resultados de pesquisas levadas a cabo por grupo de pesquisadores da área da linguagem como, por exemplo, as de Maria Helena de Moura Neves[6], cuja pesquisa de longo tempo vem mapeando as alterações no uso das preposições, ou seja, a mudança na regência verbal, dentre muitos outros fenômenos.

Outro exemplo pode ser notado na postagem da rede social Facebook – Português para Estrangeiros – de 10 de julho de 2016.

A postagem traz uma expressão coloquial utilizada por jovens quando não aceitam a intromissão de outros em sua vida. Após a inclusão da expressão, segue a explicação do/a autor/a da postagem, informando o sentido de "ficar na sua", acrescida da indicação de que a expressão não está gramaticalmente correta e apresenta a "correção", alterando o "fica" para o "fique", ou seja, mudança da segunda pessoa do singular (tu) para a terceira (você), porque foi usado o "sua" e não o "tua". Essa explicação não está presente, somente a indicação de que está gramaticalmente incorreta e a apresentação da forma correta, segundo o/a autor/a da postagem. Além de não explicitar a razão do julgamento da incorreção e a proposta de alteração pela forma tomada como certa, desconsidera a hibridização atual de pessoas (mistura, variação ou alternância do uso da 2ª pessoa "tu" com "você" e os pronomes possessivos "teu" e variantes e "seu" e variantes com verbos flexionados em 2ª pessoa ou em 3ª pessoa, fenômeno comum na fala cotidiana. Segue o exemplo da postagem:

Português para Estrangeiros[7]

"Ah, fica na sua, tá!"
Bem, a expressão "ficar na sua/minha/nossa/dele(s)/dela(s)" significa, resumidamente, "ficar quieto/a".
Ela é usada quando queremos que a outra pessoa não fale nada, não se intrometa, não dê palpite.
A forma gramaticalmente correta da sentença acima é: "fique na sua".[8]
Boa noite, pessoal

---

[5]   http://p.download.uol.com.br/ziggi/ftp4/cursos-apostilas/apostila-portugues-para-concurso.pdf Acesso em 20 jul. 2018
[6] Por exemplo: Gramática de Usos do Português. São Paulo: Editora da UNESP, 2011.
[7]https://www.facebook.com/Portugu%C3%AAs-para-Estrangeiros-520430771339349/?ref=timeline_chaining Acesso em: 15 jul. 2017
[8] Negrito nosso

Indicação de variação linguística – para além da dicotomia certo x errado

Na postagem da página da rede social Facebook – Português para Estrangeiros – Na Ponta da Língua – de 17 de março de 2017, a autora apresenta um quadro com figuras de gestos populares seguidos dos seus sentidos em diversas culturas. Tal variabilidade aponta para a riqueza das formas de expressão humana bem como para a arbitrariedade intrínseca aos signos.

Português para estrangeiros - na ponta da língua.[9]
GESTOS POPULARES EM VÁRIAS PARTES DO MUNDO
17 de março

Os gestos na Intercuturalidade

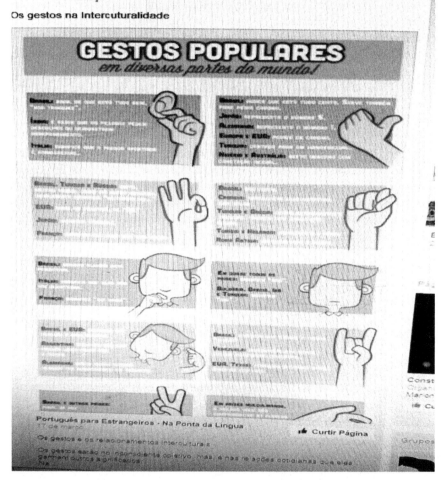

---

[9]https://www.facebook.com/Napontadalingua.portuguesparaestrangeiros/?hc_ref=ARSn73gkL4nzsNLkJzMiFCNiDxynG4g2TnWmiUQJXhF4tD0-w-55VCtsuYwL3UKEkRM
Acesso em 12 maio 2017

Mais um outro bom exemplo é o apresentado pelo livro Brasileirinho (Gonçalves, 2017)[10] que leva em consideração pelo menos uma variação possível ao se enunciar em língua.

15. Você tem irmãos? (Em grupo)

EU TENHO... EU NÃO TENHO...

1. um irmão.
2. uma irmã.
3. dois irmãos.
4. um irmão e uma irmã.
5. um irmão pequeno.
6. uma irmã mais velha.

16. Diga de outro jeito. (Em dupla)

1. Como você se chama?
2. Onde você mora?
3. Onde você estuda?
4. Quantos anos você tem?
5. Onde você nasceu?
6. Como vai?
7. Você quer um picolé?
8. Eu odeio cebola.

( ) Tudo bem?
( ) Eu não gosto de cebola.
( ) Onde é sua casa?
( ) Qual é o nome de sua escola?
( ) De que cidade você é?
( ) Qual é a sua idade?
( ) Você gostaria de um picolé?
( ) Como é seu nome?

17. Leia uma frase e peça que seu colega responda. (Em grupo)

É verdade! (V)   É mentira! (M)

1. O macaco adora banana   ( )   10. Eu sou brasileiro   ( )

Postagem digital em perspectiva didática: chat com abordagem sobre a formação profissional do professor de língua portuguesa e divulgação de cultura

Ensinar uma língua é um processo que se encontra intrinsecamente vinculado à cultura em que essa língua foi historicamente constituída. Isso significa dizer que o processo de sua constituição não se deu de forma linear, tampouco homogeneamente (FOUCAULT, (1987). Pode-se se dizer, apoiando em Freire (1951) e em Serres (1997), que a mestiçagem é a constituição dos povos e que o conjunto de determinados traços produz saberes singulares, no sentido de particularmente específico daquele grupo social. O conjunto desses traços é altamente variável, mas aponta para um *ethos* que, de certa forma, permite identificações. Então, ensinar uma língua é um processo de embate com muitas questões culturais, não homogêneas tampouco estáticas. Considerando, ainda, a partir de Lévi-Strauss (1976), para quem uma cultura cria seus artefatos e processos singulares como respostas simbólicas ao seu entorno e suportadas por cosmogonias particulares, não é sustentável afirmar a existência de uma cultura superior ou mais rica do que outra.

Tendo esse quadro teórico como pano de fundo, trazemos à discussão o exemplo disponibilizado no YOUTUBE e veiculado em várias páginas do Facebook. Trata-se de um "Hangouts on air", transmitido ao vivo em 29 de setembro de 2015. É um bate-papo sobre PLH entre três atuantes na área que vão explicitando suas experiências de ensino e de promoção da língua

---

10 https://www.facebook.com/EnsinarPortuguesComoLinguaDeHeranca/?fref=ts Acesso em 02 abr 2017.

portuguesa fora do País e suas considerações acerca delas. São informações importantes, circulantes em discursos que tecem uma rede de solidariedade e de produtividade entre famílias e profissionais que buscam manter a língua portuguesa no seio familiar ao mesmo tempo em que constituem verdades e moldam subjetividades. Nesse sentido, alguns enunciados ali veiculados podem ser colocados em suspenso para serem problematizados como o de Cultura. Vejamos o trecho selecionado aos 9min52s:

> Participante A: *"eu notei que a minha maior riqueza, o meu diferencial é o que eu sei de Brasil [...] mas eu notei também que existia uma riqueza de repertório muito maior na cultura brasileira... eu tendo a pensar que a gente tem uma cultura mais rica do que outras... talvez até que a americana...".*

> Participante B: *"Talvez pela miscelânea, o povo brasileiro é tão misturado... a gente fala que as diferenças têm uma riqueza muito grande... e o Brasil é todo muito misturado... tem gente de toda parte do mundo..."*

Tomando as reflexões de Lévi-Strauss (1976) acima exaradas, colocamos em questão o enunciado que aponta em direção oposta; repertórios mais ricos... Isso supõe repertórios menos ricos. Esse fio discursivo se filia a uma interpretação da cultura aderida ao discurso hegemônico eurocêntrico, desde os movimentos de investidas imperialistas como forma de justificar o ímpeto colonizador a partir da minimização do outro.

Postagens para o desenvolvimento da oralidade em língua: ausência

Nas postagens analisadas, a apresentação visual impera. São disponibilizadas explicações de fatos linguísticos, e, como já dito, muito voltados para explanações de formas consideradas como padrão culto da língua e na forma escrita. Em relação à sonoridade da língua para o desenvolvimento de habilidades de uso na oralidade, as postagens se caracterizam por veicularem gravações musicais de compositores-cantores de renome no cenário brasileiro. Essas postagens disseminam a produção artística nacional e contribuem para a divulgação da cultura musical brasileira. No entanto, são raras as postagens que evidenciem produções orais de falantes da língua portuguesa na modalidade brasileira. Uma possível hipótese explicativa seja a dificuldade de produção desse tipo de material que requer roteirização de diálogos ou de enunciações controladas a partir de critérios pedagógicos, diferentemente das produções sonoras de músicos brasileiros que já estão disponíveis no YouTube.com. Nesse sentido, a postagem de uma interpretação musical é facilitada pelo simples ato de copiar o link da página do YouTube e registrá-lo na página da rede social em que está circulando a atividade pedagógica do conteúdo de PLE, PSL ou PLH, sem o necessário investimento em elaboração pedagógica da postagem realizada.

Considerações Finais

Os resultados da pesquisa empreendida e aqui brevemente expostos nos possibilitam acenar para algumas considerações necessárias ao desenvolvimento das ações pedagógicas e investigativas na área de PLE, PSL e PLH. A primeira delas se volta à formação inicial e continuada de professores de língua portuguesa nas modalidades referidas com ênfase em reflexão contínua sobre as concepções de língua, linguagem, língua estrangeira. Pelos resultados evidenciados até então, fica muito evidente que ainda impera o paradigma teórico centrado na acepção de língua como sistema estático, fixo, sem variação. Considerando esse ponto, as modulações linguístico-discursivo-pragmáticas são desconsideradas e o ensino de língua fica engessado. São ensinadas formas linguísticas que não circulam no cotidiano dos usuários da língua e projetam, por consequência, uma imagem de língua de poucos recursos.

A segunda consideração diz respeito à discussão sobre políticas linguísticas e políticas de ensino que tragam para o palco da reflexão questões como culturas – no plural – de forma que se possam valorizar os fatos culturais das diversas comunidades que aparecem nos materiais didáticos sem, no entanto, entrar em valorações como melhor ou pior, maior ou menor, mais completa ou incompleta tal ou qual cultura.

A terceira consideração encontra eco no gesto contextualizador das propostas pedagógicas dos conteúdos ou fatos linguístico-discursivos a serem aprendidos pelos estudantes de PLE, PSL ou PLH. Dentro de um contexto, em língua, os sentidos já deslizam. Então, frases sem contexto não podem ter seu sentido depreendido. A marcação discursivo-pragmática tem de estar presente nas propostas de material didático.

A quarta e última consideração se refere ao necessário investimento em elaboração de material em áudio com variações linguísticas nos enunciados oralizados. É notório que a produção de áudios (CD e DVD) tem sido estimulada, mas tal produção ainda se encontra restrita à aquisição de material didático como livro com o devido acompanhamento de CD ou DVD. Disponível no mundo digital esse tipo de material ainda é escasso.

Em vista desse breve quadro aqui delineado, a perspectiva de futuras pesquisas e ações voltadas ao incremento do ensino de PLE, PSL e PLH mostra-se promissora e exigente de investimentos por parte dos pesquisadores acadêmicos e dos professores de língua portuguesa atuantes no mundo todo.

Referências bibliográficas

Almeida Filho, A.C.P. de. *Fundamentos de abordagem e formação no ensino e PLE e de outras línguas.* Campinas (SP): Pontes, 2011.

_____. *Dimensões Comunicativas no Ensino de Línguas.* Campinas (SP): Pontes,

1993.

Boruchowski, Ivian Destro; Lico, Ana Lúcia. *Como manter e desenvolver o português como língua de herança:* sugestões para quem mora fora do Brasil. Miami: Consulado-Geral do Brasil em Miami e MUST University. Disponível em: https://sistemas.mre.gov.br/kitweb/datafiles/Miami/pt-br/file/livro%20Como%20Manter%20e%20Desenvolver%20o%20Po rtugu%C3%AAs.pdf Acesso em: 10 mar 2017.

Chaves, I. O.; Almeida, S.G. de. Ensinar português do Brasil como língua de herança. Uma proposta de atividades linguísticas e musicais. In: Gonçalves, L.(org.). *O Ensino de português como língua estrangeira.* Reflexões sobre a prática pedagógica. Roosevelt (N.J.): Boavista Press, 2016, p. 53-64.

Chulata, Katia de Abreu (org.). *Português como língua de herança:* discursos e percursos. Lecce, Pensa Multimedia Editore, 2015.

Dias, R.; Cristovão, V.L.L. (org.). *O livro didático de língua estrangeira:* múltiplas perspectivas. Campinas (SP): Mercado de Letras, 2009.

Foucault, M. *Microfísica do poder.* 3ª edição, Rio de Janeiro, Edições Graal, 1982.

Freyre, G. *Sobrados e Mucambos.* 2ª edição, São Paulo, Livraria José Olympio Editora, 1951.

Gonçalves, Claudemir. *Brasileirinho:* português para crianças e pré-adolescentes. Rio de Janeiro: E.P.U., 2017.

Gonçalves, Luis (org.). *Fundamentos do ensino de português como língua estrangeira.* Roosevelt (NJ): Boavista Press, 2016.

GOOGLE.COM. *Critérios para ranqueamento do Google.* Métricas. Disponível em: https://clayme.com/blog/2015/06/05/criterios-de-pesquisa-do-google/ Acesso em: 28 set 2018.

Jennings-Winterle, Felícia; Lima-Hernandes, Maria Célia. *Português como língua de herança:* a filosofia do começo, meio e fim. New York: BEM, 2015.

Lévi-Strauss, C. Raça e História. In: Lévi-Strauss, C. *Antropologia Estrutural II.* Rio de Janeiro: Tempo Brasileiro, 1976, capítulo XVIII, p 328-366.

Ortiz-Alvarez, Maria Luiza; Gonçalves, L. (org.). *O mundo do português e o português no mundo afora:* especificidades, implicações e ações. Campinas (SP): Pontes, 2016.

Sellan, A. R. B. O encontro língua, literatura e cultura no ensino de português língua estrangeira. *Anais do Congresso Nacional Mackenzie Letras em Rede, Linguagens e Saberes,* v. 1, p. 17-23, 2012.

Serres, Michel. *Filosofia mestiça.* São Paulo, Nova Fronteira, 1997.

Silva, Glaucia; Santos, Denise. *Beginner's Brazilian Portuguese.* New York: Hippocrene Books, 2011.

_____. O ensino de gramática para aprendizes de português como língua de herança. In: Gonçalves, L. (org.). *Fundamentos do ensino de português como língua estrangeira.* Roosevelt (NJ): Boavista Press, 2016, p. 345-360.

Silveira, Regina Célia Pagliuchi da. *Português língua estrangeira*: perspectivas. São Paulo: Cortez, 1998.

Souza, A. (org.). *Português como língua de herança em Londres*: recortes em casa, na igreja e na escola. Campinas (SP): Pontes, 2016.

Turazza, J.S.; Butti, C. (org.). *Estudos em português língua estrangeira.* Homenagem à Profa. Dra. Regina Célia Pagliuchi da Silveira. Jundiaí (SP): Paco Editorial, 2016.

Vasconcelos, S.I.C.C. de. Análise de material didático de português língua estrangeira e língua segunda circulante na internet. In: Sandanello, Franco Baptista et all. *Anais do 1º Congresso Internacional de Letras – Língua Portuguesa e suas literaturas no mundo.* São Carlos (SP): Pedro & João Editores, 2017, p. 1901-1916. Disponível em: http://iconil.com.br/upload/anais-ICONIL-UFMA.pdf?12183 Acesso em: 25 ago. 2017.

Vasconcelos, S.I.C.C. de. O *Début*, o inaugural, no discurso do professor de português como língua estrangeira sobre sua formação profissional. In: Coracini, Maria José. *Discurso e Identidade:* (des)construindo subjetividades. Campinas (SP): Editora da UNICAMP/Chapecó: Argos, 2003, p. 161-186.

Viana, Nelson; Izaki, M. A. Ensino e aprendizagem de (português) língua estrangeira: significados construídos na interação (professor e aluno) em sala de aula. In: Barbirato, Rita de Cássia; Almeida Filho, José Carlos Paes de (Org.). *Interação e aquisição na aula de língua estrangeira.* Campinas (SP): Pontes Editores e EdUFSCar, 2016, p. 97-126.

YOUTUBE. *Português como Língua de Herança (PLH).* Disponível em: https://www.youtube.com/watch?v=J1xxUp33qNk . Acesso em: 02 fev 2017.

2.2 MAPEAMENTO DE PERFIS ACADÊMICOS E OTIMIZAÇÃO DO USO DAS PLATAFORMAS CANVAS E MYPORTUGUESELAB NO ENSINO DO PORTUGUÊS UNIVERSITÁRIO

Eugênia Fernandes
University of California, Davis

Resumo: Cientes da carência de materiais de ensino-aprendizagem de língua portuguesa em contexto internacional, professores de língua portuguesa contam com iniciativas individuais para otimizar o contato dos aprendentes com a língua utilizando os recursos adotados por suas universidades. Observando a transição feita pelas instituições de ensino superior, especialmente em contexto estadunidense, da adoção de livros impressos ao incentivo da comercialização do acesso inclusivo digital, neste trabalho discutir-se-á uma experiência com as plataformas *Canvas* e *MyPortugueseLab* e os caminhos para um uso otimizado dessas plataformas na aquisição/aprendizagem do português. Para tanto, a discussão será baseada em uma coleta de dados realizada com estudantes de língua portuguesa em contexto universitário no ano letivo de 2015. Após também visitar os recursos de ambas as plataformas, haverá foco nas ferramentas que abrem espaço para a utilização de materiais autênticos e consequente desenvolvimento das competências linguística, interacional e estratégica: como o uso de *quizzes*, atividades de gravação de voz, compartilhamento de arquivos e inserção de softwares de livre acesso, como o *Praat*. Ao final desta proposta, espera-se que os professores de língua portuguesa se sintam aptos a explorar e adaptar plataformas ao seus objetivos pedagógicos, trazendo não apenas benefícios ao público-alvo, mas também à realidade de seu contexto de trabalho, melhorando seu desempenho no trabalho e na realização de pesquisas.

Palavras-chave: Português como língua internacional; Tecnologia e ensino; Softwares em sala de aula; Mapeamento de perfis.

Introdução. O ensino de português na academia estadunidense: o recorte da University of California, Davis

Contando com o sistema de trimestres letivos, a University of California, Davis (doravante UCD), como a maioria das universidades estadunidenses, requer que seus estudantes cursem um ano de uma língua estrangeira. Uma das línguas escolhidas por esses alunos é o português. Desde 2008, cursos de língua portuguesa são oferecidos pelo Departamento de Espanhol e Português da universidade. Os cursos podem ter duração total de até dois anos e os alunos podem optar por obter um *Minor* em estudos luso-brasileiros. O primeiro ano de estudos consiste nos cursos *Elementary Portuguese* 1, 2 e 3, com 50 horas cada, ou no curso *Intermediate Portuguese for Spanish Speakers*, de 30 horas. Após aprovação nesses cursos, os alunos estão oficialmente aptos ao segundo ano de estudos na língua, que consiste nos cursos *Intermediate Portuguese* 21, 22, com cinquenta horas de duração cada, e no curso *Portuguese Composition* 23, com 30 horas. Desde o ano letivo de 2016, tem-se atingido a quantidade máxima de matrículas no curso *Elementary Portuguese 1*. Os cursos de segundo ano, entretanto, não têm a mesma adesão devido, grifo da autora, a sua não obrigatoriedade. Em uma pesquisa realizada em 2015 com autorização do IRB (*Institutional Review Board Administration*), constatou-se que dos alunos de língua portuguesa, 47% cursavam graduação, 29%, pós-graduação e 24% dos alunos começaram os estudos na graduação e terminaram na pós-graduação.

Em 2014, ano de início das atividades do Programa Leitorado, havia no campus cerca de 124 estudantes brasileiros por ano em Davis (dados extraoficiais do Consulado do Brasil em São Francisco). A vinda desses estudantes era promovida pelo Programa Ciência Sem Fronteiras, que os trazia do Brasil para graduação ou pós-graduação sanduíche. A presença de brasileiros na comunidade acadêmica fortaleceu as iniciativas de promoção da lusofonia não apenas na universidade, mas na cidade. Semanalmente, os encontros do Clube do Português reuniam aprendentes de português e falantes nativos da língua, havendo assim uma atmosfera excelente para intercâmbios linguísticos.

Em 2015, o Programa Ciências Sem Fronteiras foi suspenso pelo Governo Brasileiro na esfera da graduação. A comunidade lusófona da UCD sofreu o impacto dessa atitude bem diretamente com a redução dos participantes brasileiros no intercâmbio linguístico e também com a diminuição do público frequentador do Clube do Português. Felizmente, a UCD conta com o *Davis Language Center,* que tem uma plataforma para pareamentos de estudantes que tenham interesse em realizar intercâmbios linguísticos.

Na UCD há ainda uma quantidade considerável de estudantes que possuem o português como língua de herança. Herança essa de maioria portuguesa, majoritariamente açoriana. 24% dos alunos matriculados em aulas de língua portuguesa em 2015 eram falantes de herança.

Materiais didáticos usados no ensino de português universitário nos Estados Unidos da América

Se comparada a outras línguas como o inglês e o espanhol, a produção didática em língua portuguesa como língua de herança, segunda língua ou língua adicional é ainda restrita. O ensino de português nos Estados da América, ainda que haja a forte particularidade de encontrar na sala de aula falantes de herança, é majoritariamente voltado a anglófonos e, no contexto específico da Califórnia, anglófonos e hispanofalantes. Encontrar um material didático voltado para o desenvolvimento de competências de público com necessidades heterogêneas é um desafio, entretanto, possível. Aqui, quando se menciona competência, prioriza-se sua versão forte, aquela que enfatiza o conhecimento em esferas específicas por meio das relações de interação entre regularidades das competências gramatical e sociolinguística (Canale e Swain 1980).

A produção mais adotada no contexto nacional é o *Ponto de Encontro: Portuguese as a world language*. Com duas edições até o presente momento, a primeira em 2008 e a segunda em 2013, o material conta com um caderno de exercícios para a variedade brasileira e outra para a portuguesa. Além disso, há um livro de apoio com as respostas dos exercícios e CDs com o material audiovisual. Em 2015, a Editora *Pearson* adicionou ao Ponto de Encontro a plataforma *MyLab*, oferecendo a partir daí o acesso digital a todos os recursos da publicação. O acesso ainda conta com recursos adicionais, como exercícios específicos para hispanofalantes, seção de testes, atividades para gravação de voz e acesso total aos materiais tanto da variedade brasileira quanto da portuguesa. Além disso, a relação custo-benefício também é mais vantajosa, especialmente, se a plataforma for adotada oficialmente pelas instituições de ensino superior.

No contexto da UCD, adotou-se o *MyPortugueseLab* no início do ano letivo de 2015 para a sequência de cursos *Elementary Portuguese* 1, 2 e 3 e também para *Intermediate Portuguese for Spanish Speakers*. Os alunos em sala optaram majoritariamente apenas pelo acesso ao *e-book*. Desde então, a adoção da plataforma digital tem sido exitosa.

Para os cursos de segundo ano de língua, desde 2014, usa-se o livro *Mapeando a Língua Portuguesa através das Artes* de Patricia Isabel Sobral e Clémence Jouët-Pastré. Apesar de não contar com uma plataforma digital de suporte, a publicação dá abertura para a adequação didática com gêneros autênticos e conta com um caderno de exercícios com foco na gramática intermediária e avançada.

Apesar da sucesso da publicação *Ponto de Encontro: Portuguese as a world language*, há certamente outros materiais didáticos que podem servir de insumo no português universitário. A depender do público-alvo e do perfil institucional, a adoção de livros paradidáticos como dicionários e gramáticas pode ser vantajosa. A publicação *Gramática Brasileña para Hablantes de Español*, de Marcos Bagno e Orlene de Sabóia Carvalho, publicada pela Parábola Editorial em 2015, por exemplo, é uma ótima ferramenta paradidática em cursos compostos por falantes de espanhol.

Estratégias de mapeamento de classe: conhecendo os aprendentes
O primeiro passo para a tomada de decisão da adoção didática na UCD foi a realização de uma pesquisa que possibilitasse fazer um diagnóstico e um

mapeamento acerca dos alunos matriculados nos cursos de português. Para tanto, após a aprovação no IRB, realizou-se uma pesquisa com 88 estudantes ativos e egressos para conhecer seus perfis e interesses. A análise desses dados levou em conta uma perspectiva moderna de estudo de sistemas, a Teoria da Complexidade, que abrange hoje várias áreas do conhecimento. Há semelhanças impressionantes entre a ciência do caos e da complexidade e a aquisição de segunda língua. É preciso ver o fenômeno de aquisição como complexo, dinâmico e não linear (Larsen-Freeman 1997).

Dessa forma, o questionário, que foi realizado por meio da plataforma *Google Surveys*, contou com 19 perguntas objetivas e subjetivas. Dentre elas, questionou-se o porquê de o aluno estar ou ter estado matriculado em cursos de português, quais eram suas línguas materna e paterna, a qual variedade português ele havia estado exposto e por que, como ele praticava o português no contexto extraclasse, em que nível de proficiência ele se enquadraria, como o espanhol influenciava o processo de aquisição-aprendizagem do português, como eram as formas preferidas de aprender desses sujeitos, dentre outras questões.

Como resultado das migrações portuguesa e brasileira na Costa Oeste dos Estados Unidos, o primeiro ponto a se mencionar na pesquisa realizada é a presença de falantes de herança nas salas de aula. 24% dos estudantes que responderam a pesquisa no campus tinham o português como língua de herança. Dentre as razões pelas quais esses alunos tinham interesse pelo português, 54% afirmaram que possuíam interesses pessoais pela língua. Outros 15% afirmaram que só escolheram o português por uma obrigatoriedade institucional de cursar um ano de uma língua estrangeira. 14% desses alunos tinham interesse em fazer um programa de intercâmbio em um país lusófono. 36% dos estudantes entrevistados demonstraram praticar a língua apenas em momentos de interação com amigos e conhecidos, enquanto 11% afirmavam ter melhorado sua proficiência com recursos digitais e audiovisuais. 21% dos estudantes afirmaram que não praticavam o português fora do contexto formal de aprendizagem e, dessa forma, observou-se a necessidade de motivar esses estudantes a buscar o contato linguístico extraclasse.

Em observância ao conhecimento e à proficiência na língua espanhola, apenas 2% dos estudantes afirmaram não possuí-los. Quando questionados se a língua espanhola trazia facilidades ou dificuldades na aprendizagem do português, 81% dos estudantes afirmaram que ser hispanofalante tornava o processo mais complicado.

Conhecer o perfil do aprendente permitiu que fossem adotados materiais que condissessem as suas realidades e aos seus interesses. Atualmente, com a utilização da plataforma *Canvas* na esfera institucional, é possível fazer o mapeamento por meio da própria plataforma antes mesmo que as aulas tenham início oficialmente. A possibilidade de usar a tecnologia antes mesmo do primeiro contato de sala de aula já reforça o estudo da aquisição de línguas sob a perspectiva dos sistemas complexos e dinâmicos. Enfoques reducionistas não poderiam explicar o fenômeno de aquisição como complexo (Leffa 2008) e desconsiderariam ainda artefatos usados pelo aluno em sua rotina que vai além do livro didático. Leffa reforça ainda o quão importante é considerar o impacto direto das tecnologias e seus derivados nas práticas sociais dos alunos.

A adoção de plataformas on-line: motivação e otimização

Um grande desafio hoje em sala de aula é manter os alunos atentos diante da competição do professor com os dispositivos eletrônicos. Sejam eles tablets, celulares, leitores digitais ou até mesmo *notebooks*, o uso da internet se tornou a causa da falta de foco e até mesmo de interesse nas aulas. Por isso, mudar esse jogo é necessário ao se utilizar a tecnologia como uma parceira. Observando o processo de aquisição e aprendizagem de uma língua como um sistema complexo adaptativo, conclui-se que o comportamento dos aprendentes é consequência de fatores concorrentes que variam de acordo com as motivações, posição em que se enquadra a tecnologia. É preciso reconhecer todo o processo como um sistema complexo (Larsen Freeman 1997) que sofre mudanças quando atinge um estado caótico. Os cursos de línguas precisam ser ainda mais dinâmicos para competir com a checagem frequente das telas. Integrar a tecnologia como um elemento do processo é uma forma de otimizá-lo.

Convém reafirmar que plataformas usadas em contextos institucionais devem ser exploradas pelo professor como elementos de um sistema emergente. O *Canvas*, adotado pela UCD desde o ano letivo de 2016, apresenta ferramentas que, mesmo não sendo voltadas ao ensino de línguas, são úteis para esse fim. São elas: a ferramenta *Peer view assignments* permite que os alunos colaborem mutuamente para a construção de tarefas e que suas edições sejam visualizadas; a ferramenta *e-Portfolio* permite criar uma coletânea de produções feitas na plataforma, sendo ideal para cursos de produção escrita; na aba *Discussions*, a ferramenta *MasteryPaths* permite conhecer o perfil de aprendizagem dos alunos de acordo com suas performances na plataforma. É possível ainda, no momento de uma conferência on-line, criar uma votação entre os alunos para diagnosticar lacunas de aprendizagem. A ferramenta *External Apps* permite que instrutores conectem aplicativos à plataforma Canvas, o que é útil, por exemplo, para migrar notas e dados do perfil dos alunos.

Em consonância com os interesses dos aprendentes nas tecnologias e nos dispositivos digitais, como mencionado, em 2015, adotou-se a plataforma *MyLab* da *Pearson* na UCD. A página *MyPortugueseLab* conta com um acesso personalizado para o instrutor que, por meio de um número de identificação, pode gerenciar várias turmas com um mesmo acesso. O acesso à plataforma tomou na UCD um aspecto institucional quando a biblioteca do campus incluiu o livro no acervo do acesso inclusivo. Esse tipo de acesso dá descontos aos estudantes e permite que a cobrança do material didático seja feita em conjunto com outros gastos devidos à instituição. Além disso, um ano de acesso on-line tem custado aos alunos metade do preço de mercado do material impresso, já que o acesso inclui o livro-texto, cadernos de exercícios em português brasileiro e europeu e ainda toda a biblioteca de recursos audiovisuais anteriormente vendida em CD.

A plataforma *MyPortugueseLab* conta com exercícios objetivos, subjetivos, compreensão, produção em áudio e *flashcards,* não disponíveis na versão impressa. Além disso, é possível qualificar e quantificar os acessos dos alunos.

Infelizmente, a plataforma *Canvas* ainda não pode ser conectada ao *MyPortugueseLab* e vice-versa, requerendo que as notas, correções e mediações de fóruns sejam feitas em ambientes diferentes, o que é mais trabalhoso para o professor. Outros pontos a melhorar na plataforma são a gravação de voz, que frequentemente tem falhas, impedindo que algumas as tarefas sejam finalizadas, e a possibilidade de atribuir tarefas a grupos ou estudantes específicos em sala.

Programas, aplicativos e sites úteis para o ensino de português universitário

Permitir que o aprendente use o celular em sala de aula pode, por exemplo, abrir as portas para o uso de outros recursos através do *Canvas*. Na aba *External Apps*, é possível conectar aplicativos externos à plataforma. Há sites educativos como o *Kahoot,* que permite que os alunos respondam a *quizzes* com direito a imagens, música e até pódio virtual. Nessa página, o professor previamente elabora um jogo de perguntas e os alunos se conectam à página usando seus dispositivos eletrônicos por meio de um código comum, gerado no momento de início do jogo. Após visualizarem o código, os alunos acessam a plataforma e criam um nome temporário de usuário, nome esse que aparecerá no ranking. As perguntas e as opções de resposta do *quiz* aparecem na tela projetada. Os alunos devem escolher as respostas certas e marcar a forma geométrica e a cor equivalentes às respostas projetadas. Quanto mais rápido for o estudante e mais respostas corretas ele obtiver, melhor colocado ficará no ranking. Para turmas de aprendentes com perfil mais competitivo, esse tipo de atividade pode funcionar bem. Outra página similar ao *Kahoot* é o *Quizziz.* Essa página permite, por outro lado, que os participantes visualizem as perguntas e opções de respostas diretamente nos seus dispositivos. Além disso, as questões podem aparecer em ordens diferentes. Impossibilitando assim que haja "cola" entre os alunos.

Embora as páginas citadas anteriormente precisem ser usadas em grupo, há opções de trabalho individual, como na página *Conjuguemos.* O site oferece exercícios de aperfeiçoamento gramatical e léxico para várias línguas de relevância no contexto internacional e a seção de língua portuguesa, apesar de estar em construção, já apresenta muitos exercícios úteis. Àqueles que preferem aprender de maneira mais estrutural, a página permite que o aprendente estabeleça um tempo limite para praticar conjugação. Há a possibilidade de escolher os pronomes pessoais, verbos regulares e irregulares.

Para os cursos de composição, a plataforma gratuita *Trello* pode também ser uma ferramenta útil. É possível agrupar projetos, adicionar colaboradores e facilmente mover atividades de acordo com seus grupos de interesse. Além disso, usar o *Trello* permite que o autor mantenha o controle de suas produções, arrastando tarefas e projetos para planilhas diferentes.

Apesar de não ter fins didáticos, outro recurso útil para a sala de aula é o programa *Praat: doing phonetics by computer*, que pode ser uma ferramenta excelente para o ensino de pronúncia, ritmo e entonação. O programa trabalha com síntese de fala e tem vistas à pesquisa científica, contudo, com gravações curtas, o aprendente pode visualizar a curva melódica de enunciados por ele produzidos e assim contrastá-los com enunciados de falantes nativos, por exemplo. É possível ainda que o professor trabalhe com a produção específica de fonemas, indicando visualmente ao aluno por meio de espectrogramas a produção de sons vozeados e desvozeados e até mesmo de vogais. A ênfase didática na produção oral é pouca no contexto da língua portuguesa como língua internacional e, por isso, adaptar ferramentas como o *Praat* à sala de aula pode ajudar o trabalho do professor e o desempenho do aluno.

Considerações finais

Com a crise nas línguas estrangeiras no nível superior nos Estados Unidos da América, os esforços dos profissionais de língua portuguesa têm sido ainda maiores para que essa língua continue sua ascendência no contexto internacional. Neste artigo, trabalhou-se sob a perspectiva da Teoria dos Sistemas Complexos para observar o uso de tecnologias como um elemento no sistema de aquisição e aprendizagem do português. A inserção de um novo elemento no sistema pode causar inicialmente um caos para que ele se reorganize. Assim funcionou uma das estratégias mais eficientes nas aulas de português da UCD.

A motivação, a identidade e autonomia também constituem elementos importantes para a reorganização de um sistema (Paiva 2011). Para motivar os alunos, evidenciou-se em sala o mercado de trabalho norte-americano e sua demanda considerável para a lusofonia.

Grandes empresas como *Google, Facebook, IBM, Apple* e *Netflix* frequentemente procuram profissionais falantes de língua portuguesa para atender um mercado consumidor voraz, majoritariamente composto pelo Brasil. Além disso, no contexto acadêmico, os departamentos de espanhol e português mundo afora também têm suas carências por linguistas e literatos com foco em estudos luso-brasileiros. Essas vagas na América do Norte são *a priori* para cidadãos desses países. Por isso, empoderar a comunidade acadêmica acerca de suas possibilidades de acordo com seus perfis profissionais e proficiência linguística pode e deve ser tarefa dos professores de língua portuguesa.

Além das oportunidades no mercado de trabalho, alunos de graduação e pós-graduação podem ainda escolher a língua portuguesa por fins afetivos e familiares. Este trabalho convida o professor universitário de língua portuguesa a motivar sua comunidade acadêmica a cursar e viver uma imersão parcial da língua por meio de seus cursos e, tão importante quanto, sugere a adoção de estratégias digitais para diminuir a evasão dos alunos matriculados e promover também em números a língua portuguesa.

A primeira estratégia a ser usada pelo professor pode ser a divulgação dos cursos antes do início do ano letivo. Para isso, cartazes podem ser espalhados pelo campus, indicando a relevância da língua portuguesa para o mercado de trabalho e sua importância enquanto língua internacional.

Além disso, é fundamental que o professor de língua portuguesa esteja presente nas redes sociais e que seja também ativo nos grupos de sua instituição de ensino. Na UCD, os estudantes criaram o grupo *Portuguese Club @UC Davis* no *Facebook*. Lá é possível veicular informações sobre os cursos vindouros, oportunidades de trabalho, concursos, eventos, shows, dentre outros. As plataformas adotadas pelas instituições de ensino também podem ser usadas para esses fins.

Depois de conquistar a comunidade acadêmica, é hora de conhecer os alunos. Para fazer esse mapeamento, um questionário aplicado pelo Google *Surveys* ou até mesmo pelo *Canvas* pode ser eficaz. A finalidade do questionário é saber quem são os alunos, como gostam de aprender, por que estudam a língua portuguesa e quais são seus objetivos linguísticos.

De posse dessas informações, o professor pode adequar os recursos didáticos e os usos das plataformas digitais de ensino-aprendizagem ao público-alvo. Com tantas opções disponíveis para a sala de aula, é importante que cada professor reconheça as limitações com as quais tem de lidar e consiga no dia a dia aperfeiçoar e concretizar sua prática de ensino.

Referências biliográficas

Bachman, Lyle. *Fundamental Considerations in Language Testing*. Oxford Press, 1990.

Boersma, Paul, and David Weenink. *Praat*. Computer software. *Praat: Doing Phonetics by Computer*. Vers. 6.0.31. N.p., 2017. Web. 1 Aug. 2017. <http://praat.org/>.

Canale, Michael, and Merrill Swain. "Theoretical bases of communicative approaches to second language teaching and testing." *Applied Linguistics*, vol. 1. no. 1, 1980, pp. 1-47.

Ellis, Nick. "Emergentism, connectionism and language learning." *Language Learning*, vol. 48, no. 4, 1998, pp. 631–664.

Flick, Uwe. *Introdução à Pesquisa Qualitativa.* Artmed, 1995.

Jouët-Pastré, Clémence, et al. *Ponto de Encontro: Portuguese as a World Language.* 2nd. ed., Pearson, 2012.

Larsen-Freeman, Diane. "Chaos/complexity science and second language acquisition." *Applied Linguistics*, vol. 18, no. 2, 1997, pp. 141–165.

Leffa, Vilson José. "Se o mundo munda: ensino de línguas sob a perspectiva do emergentismo." *Caleidoscópio*, vol. 7, no. 1, 2009, pp. 24-29.

Paiva, Vera Lucia Menezes de Oliveira e. "Linguagem e aquisição de segunda língua na perspectiva dos sistemas complexos." *Análise de textos falados e escritos: aplicando teorias,* edited by Burgo, Vanessa Hagemeyer, et al. CRV, 2011, pp-71-86.

2.3 LUGARES E SABERES: SOFTWARE EDUCACIONAL COM ATIVIDADES PARA ALFABETIZAÇÃO E LETRAMENTO EM LÍNGUA PORTUGUESA

Michelle Nave Valadão
Lívia Ferreira Santana
Universidade Federal de Viçosa

Resumo: Os jogos digitais têm sido ferramentas didáticas pedagógicas facilitadoras do processo de ensino e aprendizagem nos mais diversos campos do conhecimento. Este trabalho visa apresentar um software denominado Lugares e Saberes, que é produto de um projeto intitulado "Jogos educativos adaptados para auxiliar o aprendizado escolar e social de pessoas com deficiências e distúrbios de aprendizagem". O software foi desenvolvido para proporcionar atividades de alfabetização e letramento de maneira lúdica e interativa, permeadas por situações que remetem às experiências cotidianas dos usuários. Ele é gratuito e pode ser acessado por meio do endereço eletrônico http://www.lugaresesaberes.com.br ou no Google Play Store, ao fazer download do aplicativo LugareseSaberes. A proposta atende a um público composto por diferentes faixas etárias e, especialmente, por pessoas com deficiências, pois conta com funções de acessibilidade como, por exemplo, tradução para a Língua Brasileira de Sinais. O software disponibiliza para pais e professores um relatório do desempenho alcançado pelo usuário na realização das atividades. Os resultados das validações iniciais demonstraram que as atividades de Língua Portuguesa permitiram aos usuários melhorar a compreensão das funções sociais da leitura e da escrita, e dos princípios alfabéticos do sistema de escrita. Verificou-se ainda a possibilidade de seu uso no ensino e aprendizagem da Língua Portuguesa como segunda língua para pessoas surdas. A partir do exposto, acreditamos que o software pode ser um importante recurso para o ensino e aprendizagem da Língua Portuguesa em contextos educacionais e domiciliares.

Palavras-chave: jogos digitais; ensino e aprendizagem de Língua Portuguesa; surdez; Libras.

Introdução

Nas últimas décadas, professores do mundo todo têm voltado seus interesses para o uso de jogos digitais como ferramentas didático-pedagógicas que atendam aos interesses dos alunos da geração atual, denominados por Mattar como "nativos digitais", pois já nasceram na era tecnológica e são fluentes na "linguagem digital" (21).

No Brasil, o uso dos jogos computacionais no processo de ensino e aprendizagem também tem conquistado professores e estudantes. Para Ribeiro, o jogo possibilita "interação e compartilhamento de saberes ... e parece ser mais eficiente em algumas situações de ensino do que o modelo tradicional" (47), frequentemente pautado no uso exclusivo do livro didático.

Ainda segundo a autora, os jogos como materiais didático-pedagógicos devem ser desenvolvidos para atender às especificidades de diferentes públicos, por isso precisam ser criteriosamente avaliados. Preocupada com o uso de jogos como ferramentas voltadas para o ensino da Língua Portuguesa, Ribeiro analisou três jogos pedagógicos digitais, e avaliou sua qualidade no que tange à concepção de língua subjacente às atividades propostas e ao tipo de ensino. Seus resultados indicaram uma carência desses materiais destinados à Língua Portuguesa, bem como mostraram que os softwares educacionais do tipo jogo apresentaram inadequações relativas aos aspectos didático-pedagógicos e à ergonomia na interação entre o homem e a máquina. Esses resultados vão ao encontro das discussões de Benitti et al., ao problematizarem que a maioria dos softwares educacionais existentes é construída sem "base pedagógica" (2), o que dificulta sua utilização nos espaços educacionais.

Os jogos educacionais voltados ao ensino da Língua Portuguesa para o público comum são escassos, mas ao investigarmos os produtos que pudessem atender satisfatoriamente um público com deficiência, constatamos que eles são ainda mais restritos. Nossa preocupação encontra respaldo na Lei n.º 13.146, de 6 de julho de 2015 (Brasil, 2015), que garante a inclusão das pessoas com deficiências nos mais diversos ambientes da sociedade brasileira e, principalmente, o direito à educação no sistema regular de ensino, mediante a proposta inclusiva. No entanto, no Brasil, a grande maioria das instituições educacionais ainda não consegue proporcionar um ensino inclusivo de qualidade, que considere as especificidades dos estudantes com deficiências, e assegurar uma educação efetiva, conforme discutido por Oliveira et al. (315). Consequentemente, os alunos com deficiências têm vivenciado um processo educacional falho, o que resulta em menor progressão acadêmica, ou até mesmo na evasão escolar.

Nesse contexto, os softwares educativos, quando programados com ferramentas de acessibilidade, podem se tornar grandes aliados ao processo educacional desse público. Entretanto, a disponibilidade de softwares gratuitos que atendam a esse perfil, especialmente com conteúdos de Língua Portuguesa, atualmente é restrita. Além disso, esses materiais, quando presentes, são voltados ao público infantil e não despertam o interesse de jovens e adultos que ainda precisam de atividades educacionais iniciais destinadas à alfabetização e ao letramento.

Para os estudantes surdos a situação é mais problemática, uma vez que o ensino da Língua Portuguesa, especialmente na modalidade escrita, deve ser baseado em metodologias de segunda língua (L2) e pautado em experiências e em conhecimentos que os usuários têm na primeira língua (L1), a Língua de Sinais, no Brasil denominada Língua Brasileira de Sinais (Libras). Nesse entendimento, apresentaremos a seguir algumas questões sobre o ensino da Língua Portuguesa para surdos no contexto brasileiro.

Considerações sobre o ensino da Língua Portuguesa para surdos

É de amplo conhecimento que o processo de ensino e aprendizagem da língua escrita deve ser iniciado e desenvolvido nas primeiras etapas do Ensino Fundamental, pois, segundo Hagen et al., o sucesso desse processo "influencia todas as fases posteriores da escolarização" (136). De acordo com as autoras, nos anos iniciais a aquisição da leitura e da escrita se constitui em um marco na autonomia das crianças, que passam a ser capazes de "ler informações importantes e entender melhor o que está à sua volta ... e, a partir dessas habilidades, desenvolvem novas aprendizagens no decorrer dos anos da vida acadêmica" (136).

Em relação aos estudantes surdos brasileiros, o processo de ensino e aprendizagem da língua escrita é uma problemática que tem preocupado os educadores. Isso porque, no País, o norteamento legal que ampara a condição linguística dos surdos é representado pela Lei n.º 10.436, de 24 de abril de 2002 (Brasil, 2002), que reconhece "como meio legal de comunicação e expressão a Língua Brasileira de Sinais – Libras e outros recursos de expressão a ela associados", e que, em seu parágrafo único, também afirma que "a Língua Brasileira de Sinais – Libras não poderá substituir a modalidade escrita da língua portuguesa" (Brasil, 2002). A legislação também envolve o Decreto n.º 5.626 (Brasil, 2005), que regulamentou a referida lei e estabeleceu medidas para sua implementação, destacando a inclusão da Libras como disciplina curricular obrigatória nos cursos de formação de professores; a formação de professor e instrutor de Libras; o uso e a difusão da Libras e da Língua Portuguesa para o acesso das pessoas surdas à educação; a formação do tradutor intérprete Libras/Língua Portuguesa; e a garantia do direito à educação das pessoas surdas ou com deficiência auditiva.

O período também foi marcado por mudanças na esfera da educação especial, e a partir de 2000 o Brasil fez a opção pela construção de um sistema educacional inclusivo, amparado na Declaração Mundial de Educação para Todos (Unicef, 1990) e na Declaração de Salamanca (Salamanca, 1994), efetuando a matrícula de alunos com deficiências, e também de estudantes com surdez, nas escolas comuns.

De acordo com Valadão e Gomes, "essa situação gerou um grande entrave linguístico, uma vez que as comunidades escolares não estavam preparadas para vivenciar uma situação bilíngue, onde o português e a Libras deveriam compartilhar o mesmo espaço" (201). No âmbito do ensino da Língua Portuguesa, a atuação ficou ainda mais comprometida, pois demandava ações de formação inicial e continuada de professores, que não foram previamente realizadas. Vale ressaltar, conforme destacado por Valadão et al., que a implantação da disciplina de Libras como obrigatória aos cursos de licenciaturas, por meio do referido decreto, não assegurou a formação necessária aos futuros docentes e também não abarcou a formação continuada de professores que já atuavam com surdos nas escolas brasileiras de educação básica (168). Ainda segundo as autoras, os cursos de licenciatura em Letras raramente abordam disciplinas que discutem questões didáticas e metodológicas para o ensino dos estudantes surdos (168). Consequentemente, o ensino da Língua Portuguesa atualmente oferecido aos surdos nas escolas inclusivas brasileiras não se mostra adequado às especificidades linguísticas e culturais desses alunos (168).

Vale ressaltar que para atender a essas especificidades os professores devem levar em conta que os contextos bilíngues para os surdos, diferentemente dos ouvintes, não abarcam situações de imersão linguística na Língua Portuguesa, dada a ausência do sentido da audição. Assim, o ensino da língua deve priorizar a modalidade escrita e ser baseado em metodologias de L2, envolvendo os conhecimentos que os estudantes surdos apresentam na L1, a Libras. Também deve compreender o uso de recursos didático-pedagógicos que contemplem a Libras e as estratégias visuais pautadas nas habilidades de aprendizagem desses estudantes.

Com interesses voltados ao uso de ferramentas didático-pedagógicas facilitadoras do processo de ensino e aprendizagem da Língua Portuguesa para os surdos, apresentaremos a seguir um breve levantamento sobre algumas produções que compartilham desses mesmos interesses e sobre as problemáticas encontradas nesses produtos.

Contextualizando o uso dos jogos digitais educacionais para surdos

A utilização de jogos no apoio ao processo educacional tem despertado o interesse de pesquisadores e educadores, como defendido por Gee e por Galarneau e Zibit. No entanto, nem sempre os softwares disponíveis atendem às necessidades pedagógicas dos professores que atuam com estudantes com deficiências. De acordo com Santana (27), a maioria dos softwares livres educativos são de cunho infantil, não se adequando a esses estudantes que, no Brasil, ainda chegam tardiamente ou permanecem por mais tempos nas escolas, portanto vivenciam a educação básica com idades mais avançadas. A autora analisou diversos softwares educacionais gratuitos, a fim de selecionar os que fossem mais adequados aos alunos com deficiências, a partir dos seguintes critérios: contexto educacional e nacional; tipo de licença; *design*; informação ao usuário; acessibilidades disponíveis; fatores de aprendizagem; e adequação ao público-alvo. A partir de suas análises, Santana elencou 68 softwares gratuitos que poderiam ser utilizados como recurso didático por professores de Ensino Fundamental, dentre os quais selecionou 11 que apresentavam alguma acessibilidade ao público composto por estudantes com deficiências, sendo eles: *ABC Blocks, Beads, Hagáquê, G-Compris, JClic, Kanagram, KEduca, KLettres, TuxType, Software Participar* e *Hércules e Jiló*. Dos 11 softwares selecionados, a autora constatou que dez apresentavam atividades e imagens infantilizadas, o que limitava seu uso ao público de crianças. A partir desse estudo, Santana concluiu que embora exista uma ampla variedade de softwares livres dedicados aos aspectos educacionais, a maioria não é indicada para pessoas com deficiências, nem para um público composto por jovens e adultos. Ela ainda destacou que a maioria dos programas encontrados é de difícil manuseio e apresenta pouca interatividade.

Considerando o público de estudantes surdos, a oferta de softwares gratuitos com atividades curriculares educativas para as etapas iniciais de alfabetização também é escassa tanto no Brasil como em outros países. Ao realizarmos um levantamento inicial sobre esses jogos, em âmbito nacional e internacional, encontramos o *Copycat*, voltado ao desenvolvimento da Língua Americana de Sinais (ASL) para crianças. O jogo reconhece a produção dos sinais e estimula sua prática na língua. Os usuários devem encontrar os filhotes do personagem Iris e sinalizar o local onde eles se encontram (Henderson et al.). Nessa mesma linha de atuação, deparamo-nos também com o *Virtual Sign Game*, um jogo desenvolvido pelo grupo de pesquisa *Graphics, Interaction & Learning Technologies* (GILT). O objetivo do jogo é promover a aprendizagem da Língua Portuguesa de Sinais (LPS) por meio de um personagem que interage com objetos e com outros personagens, coletando os sinais da LPS. O jogo detecta e traduz os sinais dos usuários e salva os que têm maior similaridade (Escudeiro et al.). De maneira semelhante quanto aos objetivos, ao público e à imagem, o jogo *Sign my World* visa apoiar crianças surdas na aquisição da escrita e dos sinais em Língua Australiana de Sinais (Auslan). Ao clicar na imagem, a palavra e o sinal em vídeo são apresentados para promover a associação entre eles (Korte et al.). A preocupação com a aquisição de vocabulário na língua de sinais e na língua do país, em sua modalidade oral ou escrita, também é o foco do jogo *Memo Sign*, com versões em Inglês/Língua Americana de Sinais e em Árabe/Língua de Sinais Tunisiana (Bouzid et al.).

Quanto aos softwares brasileiros com conteúdo em Libras, destacamos o *Libras Brincando*, um jogo para crianças a partir de 4 anos de idade que permite a associação de imagens, sinais em Libras e escrita em Português, para a expansão do vocabulário. Há ainda um software para a aprendizagem da Libras e da Língua Portuguesa escrita proposto por Secco e Silva, que se constitui de um ambiente com interface adaptada para surdos e ouvintes de diferentes faixas etárias. Para os surdos, as palavras e as expressões em Libras são apresentadas por meio de vídeos e de imagens, enquanto para os ouvintes há texto escrito com uma explicação sobre a sinalização. Também o jogo *Karytu*, desenvolvido por Silva, tem uma abordagem voltada ao letramento bilíngue de crianças surdas com idade entre 6 e 9 anos, em que as histórias são contadas inicialmente em Libras para estimular uma posterior elaboração textual em Língua Portuguesa.

Esse breve levantamento demonstrou que, em geral, os softwares voltados aos surdos são destinados predominantemente ao público infantil e que, mesmo para esse público, as perspectivas de ensino e aprendizagem da língua escrita, segundo o enfoque social de uso em diferentes situações cotidianas, ainda são pouco abordadas, pois nesses softwares há um predomínio de atividades voltadas à aquisição de vocabulário. Diante da carência de jogos digitais educacionais com atividades contextualizadas que remetem às experiências cotidianas dos usuários com a língua, especialmente na modalidade escrita, apresentaremos um software denominado *Lugares e Saberes*, destacando a possibilidade de seu uso para o ensino e a aprendizagem da Língua Portuguesa como segunda língua para pessoas surdas.

Procedimentos Metodológicos

O estudo aqui apresentado é relativo a um teste de validação inicial do software realizado com pessoas surdas[1] e caracterizou-se como descritivo-exploratório, de abordagem qualitativa. No que se refere à coleta de dados, foram utilizadas anotações de campo, observações e filmagens. Os dados coletados foram analisados com base nos achados da literatura científica da área. Nessas análises, refletimos sobre o uso de jogos digitais para o ensino da Língua Portuguesa escrita voltada para surdos, bem como sobre a importância da Libras para a promoção desse ensino.

Sobre o Jogo

O *Lugares e Saberes* é um produto que foi elaborado a partir de um projeto intitulado *"Jogos educativos adaptados para auxiliar o aprendizado escolar e social de pessoas com deficiências e distúrbios de aprendizagem"*[2]. O software foi inicialmente desenvolvido para proporcionar atividades de alfabetização e letramento para pessoas com deficiência intelectual, com baixa visão e com surdez, atendendo tanto ao público infantil quanto ao de jovens e adultos. O objetivo principal foi suprir a carência de recursos didáticos disponíveis especialmente ao público adulto, conforme foi abordado nos estudos supracitados, e disponibilizar o material para professores das escolas básicas que atuam na perspectiva da educação inclusiva. Diante disso, o jogo *Lugares e Saberes*[3] foi construído tendo por base o primeiro ciclo de alfabetização, agrupando

---

[1] O trabalho de validação do software com diferentes públicos de pessoas com deficiência foi apresentado no Worshop de Informática na Escola (WIE, 2016) e publicado nos anais do evento disponível em: <http://www.br-ie.org/pub/index.php/wie/article/view/6631>. Este estudo, apresentado no VI Encontro Mundial Sobre o Ensino de Português (EMEP), aborda parte dessa validação e apresenta uma discussão revisada e ampliada quanto ao uso do software para o ensino e a aprendizagem da Língua Portuguesa para surdos.

[2] O projeto foi contemplado com apoio financeiro do Conselho Nacional de Pesquisa (CNPq) e da Fundação de Amparo à Pesquisa de Minas Gerais (FAPEMIG).

[3] O software Lugares e Saberes também abarca conteúdos referentes aos conceitos iniciais de Matemática, mas esse componente não foi abordado neste trabalho por não ser alvo da discussão proposta no referido evento.

diversas atividades de Língua Portuguesa relativas aos conteúdos abordados no referido ciclo, sendo eles: noções sobre alfabeto, divisão silábica, formação de palavras e elaboração textual.

O jogo pode ser acessado gratuitamente no endereço http://www.lugaresesaberes.com.br ou por meio do Google Play Store, ao fazer download do aplicativo LugareseSaberes. No menu principal é possível obter informações sobre como realizar as atividades, acessar materiais de apoio, conhecer o projeto e a equipe executora e acessar a página do projeto no *Facebook*. Outra importante funcionalidade do jogo é que ele disponibiliza aos pais e/ou professores a opção de acompanhar o desempenho dos usuários nas atividades, apontando os erros e os acertos, quais as atividades em que ocorreram as maiores dificuldades e o tempo para realizá-las. Essas informações ficam armazenadas e podem ser acessadas a qualquer momento. Outro aspecto importante do software é sua portabilidade, que permite seu uso tanto em computadores, quanto em tablets e celulares, e em diversos sistemas operacionais. As Figuras 1 e 2 ilustram, respectivamente, a página inicial do software e o relatório de desempenho nas atividades.

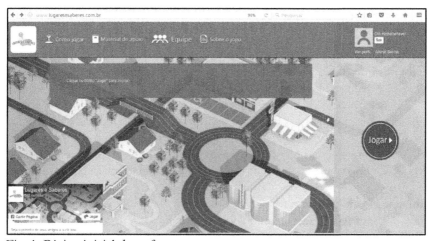

Fig. 1. Página inicial do software.
   Fonte: dados da pesquisa.

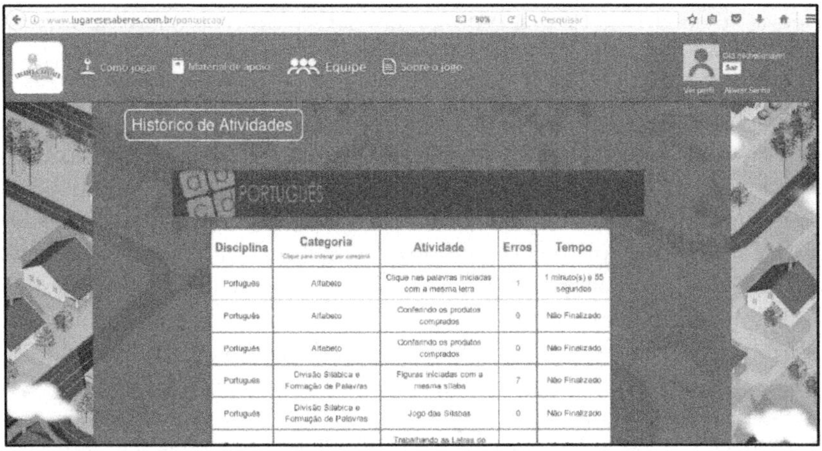

Fig. 2. Relatório de desempenho nas atividades.
Fonte: dados da pesquisa.

Sobre as atividades do jogo Lugares e Saberes

Durante a construção das atividades, a equipe pedagógica orientou-se por meio dos Parâmetros Curriculares Nacionais (PCNs) para o Ensino Fundamental (BRASIL, 1997), do Currículo Básico Comum para os anos iniciais adotado no estado de Minas Gerais e dos conteúdos abordados para as séries iniciais do Exame Nacional para Certificação de Competências de Jovens e Adultos (ENCCEJA) (INEP, 2003).

Na elaboração do software, a equipe preocupou-se em não restringir as atividades ao público infantil, mas abarcar situações cotidianas vivenciadas por usuários de diversas faixas etárias, de maneira a permiti-los a percepção do uso da língua em diferentes contextos. Para atender ao público com baixa visão, foi criado um ícone com uma ferramenta de ampliação que aumenta as imagens do jogo, sem diminuir a nitidez. Ainda para esse público, outra funcionalidade presente nas atividades do jogo são as instruções em áudio, que lhes permitem acessar as atividades por meio de orientações auditivas. Para atender às pessoas surdas, foi criada uma ferramenta que disponibiliza um vídeo com a tradução das atividades para a Libras. Vale destacar que todo o processo de tradução e interpretação em Libras foi realizado por professores surdos da comunidade local. Essa ferramenta permite que o jogo seja utilizado para o ensino e a aprendizagem da Língua Portuguesa como L2 aos surdos, especialmente para aqueles que se encontram em fase inicial de alfabetização. A Figura 3 ilustra uma das atividades do software com as ferramentas de ampliação da imagem e de tradução/interpretação Libras/Língua Portuguesa ativadas.

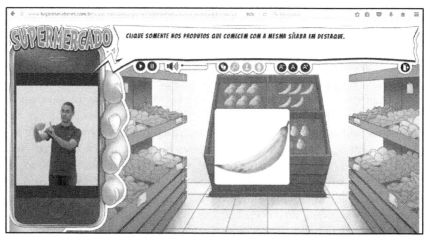

Fig. 3. Atividade do software com as ferramentas de ampliação de imagem e de tradução/interpretação Libras/Língua Portuguesa.
Fonte: dados da pesquisa.

Diante da relevância do software, especialmente para o público surdo, apresentaremos a seguir os resultados das validações iniciais realizadas com crianças e adultos surdos em processo de alfabetização.

Sobre o público-alvo e a validação do jogo

O público-alvo foi composto por crianças e adultos surdos. O grupo de crianças foi composto por cinco estudantes, de ambos os gêneros, que frequentavam escolas inclusivas da rede básica de ensino do município de Viçosa, MG, com idades entre 6 e 10 anos e com diferentes níveis de aquisição da Libras. As pesquisadoras avaliaram os conhecimentos em Libras dos participantes por meio de conversa espontânea, e consideraram que duas crianças estavam em processo de aquisição inicial, duas em processo intermediário e apenas uma com uso avançado da língua. A escolha de usuários com conhecimentos linguísticos distintos foi proposital, a fim de validar a tradução das atividades em Libras e averiguar o entendimento na execução do jogo. Todas as crianças estavam em processo inicial de alfabetização e letramento em Língua Portuguesa. O grupo de adultos foi composto por quatro pessoas com faixa etária entre 18 e 37 anos, de ambos os gêneros, todos fluentes em Libras. As avaliações demonstraram que embora os usuários adultos já tivessem concluído o Ensino Médio eles ainda se encontravam em nível inicial de alfabetização e letramento em Língua Portuguesa.

Para as validações do jogo foram realizados quatro encontros com cada grupo, cada um com duração de 1 hora e 30 minutos. Os encontros foram filmados, para análise do comportamento diante do jogo. O primeiro encontro objetivou ensinar os participantes o manuseio do software, mostrando-lhes como encontrá-lo na internet, realizar o cadastro e acessar as barras de ferramentas e os recursos existentes, principalmente as ferramentas de tradução para a Libras e de ampliação das imagens e das letras. Nos demais encontros, os usuários foram incentivados a realizar as atividades.

Durante o primeiro encontro, as pesquisadoras registraram as possíveis dificuldades no manuseio ou na compreensão das atividades por parte dos usuários, e se o *layout* do jogo parecia atrativo ao público, especialmente aos jovens e adultos. No encontro seguinte, elas informaram aos usuários quais atividades deveriam ser inicialmente desenvolvidas por cada indivíduo, de acordo com o nível de conhecimento linguístico tanto em Libras quanto em Língua Portuguesa. No momento do uso, as pesquisadoras fizeram intervenções somente quando solicitadas pelos usuários ou para incentivar a continuação da atividade. Esses aspectos também foram registrados, a fim de analisar as dificuldades encontradas e propor melhorias no jogo para possibilitar maior autonomia. Quando o usuário não conseguia avançar, mesmo com as orientações das pesquisadoras, a atividade era finalizada. A Figura 4 ilustra uma atividade de Língua Portuguesa com o vídeo de tradução/interpretação em Libras.

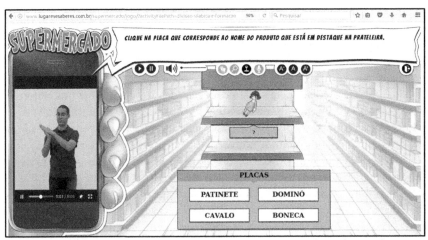

Fig. 4. Atividade de Língua Portuguesa com o vídeo de tradução e interpretação em Libras.
Fonte: dados da pesquisa.

Resultados e discussões

Durante as observações, constatou-se que no grupo de adultos alguns usuários tinham pouca experiência com computadores e com jogos digitais. Eles relataram insegurança para começar a atividade e medo de errar. Entretanto, ao iniciarem o jogo, em pouco tempo demonstraram interesse e perceberam que as situações apresentadas nas atividades eram parecidas com aquelas vivenciadas por eles no cotidiano.

No grupo das crianças foi observado bastante interesse e entusiasmo ao jogar, pois elas já tinham experiências com jogos digitais. No entanto, foi a primeira vez que experimentaram um jogo no qual a instrução era fornecida em Libras, e isso claramente permitiu que realizassem as atividades de maneira independente.

Como esperado, os usuários que tinham mais conhecimentos em Libras demonstraram maior autonomia e realizaram as atividades sem expressar dúvidas. Os indivíduos que estavam em níveis iniciais ou intermediários de Libras pediram mais auxílio para realizar as atividades, por dificuldades no entendimento do que estava sendo proposto.

Os testes iniciais revelaram que o jogo despertou o interesse desse público para a Língua Portuguesa. Também indicaram que as atividades digitais permitiram aos usuários melhorar a compreensão das funções sociais da leitura e da escrita, e dos princípios alfabéticos do sistema de escrita. Esses resultados foram possíveis porque na construção do software *Lugares e Saberes* a equipe teve a preocupação de não limitar a Libras ao uso de palavras isoladas, restringindo-a na apresentação do vocabulário. Assim, ao selecionar a ferramenta de acessibilidade em Libras, os usuários têm à sua disposição um campo visual com vídeos explicativos sobre as atividades em língua de sinais. Nesses vídeos, o surdo sinalizador utiliza-se do espaço visual disponível no cenário do próprio jogo para explicar as dinâmicas das atividades, o que, nas validações, facilitou o entendimento por parte dos surdos. Consideramos que esse recurso diferenciou o *Lugares e Saberes* em relação aos demais jogos digitais existentes, cujas instruções, geralmente, são fornecidas somente em Língua Portuguesa, e os sinais da Libras são usados apenas para representar as imagens ou o léxico da Língua Portuguesa. Percebemos que o uso da ferramenta de acessibilidade em Libras foi fundamental para que os usuários, mesmo para as crianças em fase inicial de aquisição da Libras, utilizassem o jogo de maneira autônoma.

Os resultados alcançados a partir das experiências iniciais com o software permitiram-nos inferir que as atividades nele apresentadas constituíram-se em importantes oportunidades para a aprendizagem da Língua Portuguesa na modalidade escrita por surdos. Esses resultados foram ao encontro das orientações de Nascimento, ao defender que ao jogar:

O aprendiz se envolve em práticas comunicativas espontâneas, e não totalmente induzidas pelo professor. O esforço para atingir o objetivo, a elaboração de estratégias, a mediação durante o próprio jogo em si – tudo isso contribui para um uso realmente autêntico da língua. A língua não entra simplesmente como um treino, mas em seu papel natural como ferramenta de comunicação. (Nascimento 154)

Ainda em relação ao uso dos jogos no contexto das aulas de línguas, podemos atribuir novos significados às palavras de Vanthier (qtd. in Sumiya et al., 57), ao destacar a sua importância para o desenvolvimento de habilidades lúdicas, linguísticas, cognitivas e sociais das crianças. Para o autor, os alunos aperfeiçoam a linguagem enquanto tomam decisões e controlam os elementos necessários à resolução dos problemas propostos nos jogos. Ao decidirem como agir diante das situações lúdicas, os surdos que utilizaram o *Lugares e Saberes* puderam vivenciar práticas comunicativas autênticas, o que envolveu "competência linguística ao mesmo tempo pragmática, social e cultural" (57), como discutido pelo autor.

Em nossas validações, as situações didáticas, inicialmente controladas, permitiram a promoção de um ambiente de interação e de negociação de significados, em que as pesquisadoras assumiram uma postura facilitadora diante das necessidades de comunicação espontânea que foram estabelecidas.

Também Leffa et al. investigaram a potencialidade didática do videogame para o ensino de línguas. Os autores defendem que os jogos, especialmente os videogames, podem ser instrumentos de mediação na aprendizagem de línguas, pois envolvem práticas sociais caracterizadas pelo uso intensivo da língua. Além disso, as situações virtuais envolvem os jogadores por imersão, já que eles se sentem dentro dos jogos, estimulando a comunicação e ampliando a aprendizagem. A partir desses argumentos, os autores alegam que no contexto do videogame a aquisição da língua pode acontecer tanto por meio do "aprender para jogar", "quanto do jogar para aprender", desde que o aluno tenha o "desejo de aprender" (226).

No âmbito da educação dos surdos, Viana e Barreto também propõem o uso de jogos como recursos didáticos para a construção do conhecimento pelos estudantes surdos. As autoras, partindo do que chamam de "Pedagogia Visual" (18), defendem o uso de diferentes elementos visuais, entre eles os jogos didático-pedagógicos, como facilitadores do processo pedagógico, associado ao uso da língua de sinais. Nesse sentido, no espaço educacional, o uso de recursos visuais associados à língua de sinais poderá favorecer o desenvolvimento linguístico e cognitivo dos alunos surdos, contribuindo para o processo de aprendizagem dos diversos componentes curriculares, especialmente da Língua Portuguesa.

Considerações finais

A criação do software *Lugares e Saberes* buscou suprir a carência de materiais informatizados voltados ao ensino da Língua Portuguesa para pessoas com deficiência intelectual, com baixa visão e, especialmente, com surdez, podendo ser utilizado por um público composto tanto por crianças, quanto por jovens e adultos. Para tanto, o jogo apresenta diversas atividades relativas aos ciclos iniciais de alfabetização e de letramento em Língua Portuguesa.

Todas as atividades contam com instruções disponíveis em Língua Portuguesa escrita, em áudio e em vídeos com traduções/interpretações para a Libras. Além disso, também estão disponíveis ferramentas que permitem a ampliação das fontes e das imagens. Todas essas funcionalidades foram desenvolvidas para atender às diferentes especificidades dos possíveis usuários.

Diante da proposta para usuários surdos, os testes preliminares com crianças e com adultos demonstraram que o jogo *Lugares e Saberes* pode ser usado em ambientes educacionais e domiciliares para o ensino e a aprendizagem da Língua Portuguesa como segunda língua para surdos, por contemplar, além da Libras, situações cotidianas que estimulam o interesse pelo uso social da língua escrita. Dada a opção de visualizar o relatório das atividades, professores, pais ou responsáveis podem acompanhar o desempenho dos usuários alcançado nas diversas situações do jogo e, a partir disso, desenvolver estratégias que atendam de maneira efetiva às suas necessidades educacionais.

Ressaltamos que o jogo foi criado recentemente e em breve entrará em fase de expansão. Nessa fase posterior, pretendemos ampliar o número de atividades de Língua Portuguesa, abarcando níveis de uso e elaboração mais avançados.

Referências bibliográficas

Benitti, Fabiane Barreto Vavassori et al. "Processo de Desenvolvimento de Software Educacional: proposta e experimentação." *Renote: Revista Novas Tecnologias na Educação*, vol. 3, no. 1, 2005, pp. 1-10. Disponível em: <http://www.cinted.ufr gs.br/renote/maio2005/ artigos/a62_de senvolvimentosoftware.pdf >. Acesso em 2 jun 2017.

Bouzid, Yosra, et al. "Using educational games for sign language learning - a signwriting learning game: case study." *Journal of Educational Technology & Society*, vol. 19, no. 1, 2016, pp. 129–141.

Brasil. Lei de Diretrizes e Bases da Educação. "LEI nº 9.394, de 20 de dezembro de 1996." *Estabelece as diretrizes e bases da educação nacional. Brasília (Brasil)* (1996).

Brasil. Parâmetros Curriculares Nacionais. "Primeiro e segundo ciclos do Ensino Fundamental: Língua portuguesa." *Brasília: Secretaria de Educação Fundamental MEC* (1997).

Brasil. "Lei Nº 10.436, de 24 de Abril de 2002." *Dispõe sobre a Língua Brasileira de Sinais–Libras e dá outras providências. Brasília (Brasil)* (2002).

Brasil. "Decreto Nº 5626 de 22 de dezembro de 2005." *Regulamenta a lei nº10 436, de 24 de abril de 2002, que dispõe sobre a Língua Brasileira de Sinais – Libras, e o Art. 18 da Lei nº 10.098, de 19 de dezembro de 2000. Brasília (Brasil)* (2005).

Brasil. "Lei nº 13.146, de 06 de Julho de 2015." *Institui a Lei Brasileira de*

Inclusão da Pessoa com Deficiência (Estatuto da Pessoa com Deficiência). Brasília (Brasil) (2015).

Salamanca, Declaração, and Enquadramento da Acção de. "Conferência mundial sobre necessidades educativas especiais: acesso e qualidade." *Salamanca* (1994).

Escudeiro, Paula, et al. "Virtual Sign–A Real Time Bidirectional Translator of Portuguese Sign Language." *Procedia Computer Science*, vol. 67, 2015, pp. 252-262. doi: 10.1016/j.procs.2015.09.269

Galarneau, Lisa and Melanie Zibit. "Online Games for 21st Century Skills." *Games and Simulations in Online Learning: Research and Development Frameworks.* IGI Global, 2007. 59-88. Web. 2 Sep. 2017. doi:10.4018/978-1-59904-304-3.ch004

Gee, James Paul. *Good video games and good learning: Collected essays on video games, learning and literacy.* Series: New Literacies and Digital Epistemologies, 2007. doi:10.3726/978-1-4539-1162-4

Gil, Antônio Carlos. *Métodos e técnicas de pesquisa social.* Atlas, 2011.

Hagen, Vivian, et al. "Consciência morfológica: um panorama da produção científica em línguas alfabéticas." *Psicologia: Teoria e Prática*, vol. 12, no. 3, 2010, pp. 135-148.

Henderson, Valerie, et al. Development of an American Sign Language game for deaf children. In *Proceedings of the 2005 conference on Interaction design and children* (IDC '05). ACM, New York, NY, USA, 70-79. doi10.1145/1109540.1109550

Instituto Nacional de Estudos e Pesquisas Educacionais INEP [on line]. Disponível em: <http://download.inep.gov.br/educacao_basica/encceja/material_estu do/livro_introdutorio/introdutorio_completo.pdf.>. Acesso em: 20 de abr. de 2016.

Korte, Jessica, et al. "Designing a mobile video game to help young deaf children learn Auslan." *Proceedings of the 26th Annual BCS Interaction Specialist Group Conference on People and Computers.* British Computer Society, 2012.

Leffa, Vilson J., et al. "Quando jogar é aprender: o videogame na sala de aula." *Revista de Estudos da Linguagem*, vol. 20, no. 1, 2012, pp. 209-230.

Mattar, João. "Games em educação: como os nativos digitais aprendem." (2010).

Nascimento, Cecília Eller Rodrigues. "O jogo na aula de língua estrangeira: espaço aberto para a manifestação do eu." *ALFA: Revista de Linguística*, vol. 52, no. 1, 2009, pp. 149-156, 2008.

Oliveira, Elisângela de Souza. et al. "Inclusão social: professores preparados ou não?." *POLÊM!CA*, vol. 11, no, 2, 2012, pp. 314-323.

Ribeiro, Fernanda Rodrigues. "Jogos educacionais digitais para o ensino em língua portuguesa: uma proposta de avaliação didático-pedagógica e ergonômica." *UECE, Fortaleza* (2013).

Santana, Livia Ferreia. "Software educacional livre em português: análise da oferta para pessoas com deficiência". *UFV, Viçosa* (2012).

Secco, Rosemeire Lima, and Maicon Herverton Lino Ferreira da Silva. "Proposta de um ambiente interativo para aprendizagem em libras gestual e escrita." *Simpósio Brasileiro de Informática na Educação (SBIE)*. 2009. Disponível em: <http://www.br-ie.org/pub/index.php/sbie/article/view/1121/1024>. Acesso em: 08 ago. 2016.

Silva, Angela Carrancho da. "KARYTU: um software para o letramento da criança surda sob a ótica bilíngüe." (2000). Disponível em: <http://www.br-ie.org/pub/index.php/sbie/article/view/182/168>. Acesso em: 08 ago. 2016.

Silva, Esther Giacomini, et al. "Construção de um jogo adaptado para alfabetização de pessoas deficientes ou com distúrbios de aprendizagem". *Anais do Congresso Brasileiro de Educação Especial*. 2014. Disponível em: <https://proceedings.galoa.com.br/cbee/trabalhos/construcao-de-um-jogo-adaptado-para-alfabetizacao-de-pessoas-deficientes-ou-com-disturbios-de?lang=pt-br>. Acesso em: 21 ago. 2016.

Sumiya, Aline Hitomi, et al. "Aprender brincando: o ensino-aprendizagem de Francês para crianças." *Revista de Ciências Humanas*, vol. 13, no. 2, 2013, pp. 342-354.

Unicef. "Declaração mundial sobre educação para todos e plano de ação para satisfazer as necessidades básicas de aprendizagem." *Brasília, UNICEF (trad. José Eustáquio Romão e Moacir Gadotti)* (1991).

Valadão, Michelle Nave, et al. "Ensino-aprendizagem e metodologias de ensino da língua portuguesa para surdos na perspectiva da educação inclusiva." *Línguas & Letras*, vol. 17, no. 35, 2016, pp. 163-186.

Valadão, Michelle Nave, and Eduardo Andrade Gomes. "Percepção de professores em formação inicial sobre o ensino da Língua Brasileira de Sinais." *Todas as Letras-Revista de Língua e Literatura*, vol. 18, no.1, 2016, pp. 199-210.

Viana, Flavia Roldan, and Marcília Chagas Barreto. "A construção de conceitos matemáticos na educação de alunos surdos: o papel dos jogos na aprendizagem." *Horizontes*, vol. 29, no. 1, 2011, pp. 17-25.

PARTE 3

3.1 O ENSINO DA LÍNGUA PORTUGUESA NUMA PERSPECTIVA DIALÓGICA: RELATOS DE EXPERIÊNCIA COM ALUNOS DO ENSINO MÉDIO DO COLUN

Josenildo Campos Brussio
Universidade Federal do Maranhão
Campus de São Bernardo

Resumo: O presente estudo aponta para uma possibilidade do ensino da Língua Portuguesa pela teoria da enunciação, numa perspectiva dialógica, como proposto por Émile Benveniste, em paralelo com as contribuições de Mikhail Bakhtin. Ambos compreendem que o texto pressupõe um sistema de signos compreensível por todos (isto é, convencional, válido nos limites de uma dada comunidade), uma língua, bem como, simultaneamente, cada texto, em sua qualidade de enunciado, representa alguma coisa de individual, de irrepetível e aí reside o seu sentido. Este último aspecto não está vinculado aos elementos do sistema da língua, mas a relações particulares de natureza dialógica (Bakhtin, 331). Por isso, ensinar uma língua é conferir sentido a sua complexidade estrutural, é fazer o aluno entender que a linguagem é uma faculdade inerente ao ser humano e que precisa ser desenvolvida socialmente. Para a realização desta pesquisa, além da revisão de literatura, fizemos também um trabalho de experimental de ensino da língua portuguesa a partir de textos fornecidos pelos alunos de uma escola pública do ensino médio de São Luís/MA/Brasil. Os textos eram apresentados através de imagens capturadas pelos alunos através de fotos tiradas nas ruas em seus smartphones, ou prints de mensagens de *Whatsapp*, ou imagens da internet, enfim, fontes textuais fornecidas pelos próprios alunos. Em seguida, tinham que apresentar uma correlação entre norma padrão/culta e os demais tipos de linguagem que existiam nos textos que trouxeram. Só quando necessário, para a compreensão da norma culta, o professor executava explanações das regras gramaticais necessárias ao entendimento daquela situação linguística.

Palavras-chave: Ensino, Português, Dialogismo, Bakhtin, Benveniste

Introdução

O ensino da língua portuguesa sempre foi tarefa árdua para os profissionais que se dignificam a tal feito na sala de aula. Uma das maiores dificuldades é tornar interessante o aprendizado do funcionamento da língua no cotidiano do aluno. Muitos professores de português se perguntam: o que fazer para tornar minhas aulas interessantes? O que fazer para que o meu aluno goste de estudar a língua portuguesa? Outras perguntas nos afligem mais ainda, como: por que os alunos estudam português a vida toda e ainda não aprenderam regras básicas?

Sabemos que pela linguística moderna nenhuma destas perguntas seria problema se respondêssemos a apenas uma: o seu aluno consegue se comunicar em português? Se a resposta fosse "sim", todas as outras questões se tornariam obsoletas. Eis que à medida que os estudos linguísticos avançam, a forma como ensinamos a nossa língua materna também sofre alterações. Lembro-me quando, na graduação, li pela primeira vez o livro de Celso Pedro Luft: "Língua e Liberdade", em que tive a primeira noção sobre o que é gramática natural.

Ainda estávamos presos ao estruturalismo, a linguística saussuriana e a gramática gerativo-transformacional de Noam Chomsky. Mas naquela época, 1993, sempre acreditei que as aulas de língua portuguesa seriam mais interessantes se o professor conseguisse conferir funcionalidade, sentido, significação e importância à língua em seu uso cotidiano.

Sempre quis tirar o aluno da frase isolada, da oração solta e quebrada para o universo da língua falada na rua, em casa, na igreja e na escola. Ou seja, de alguma maneira já vislumbrava a "enunciação" e o "dialogismo", como possibilidades de ensino da língua materna, por assim dizer, já que desconhecia tais conceitos a época. Desconhecia-os, mas, empiricamente, fazia-lhes uso, dada a compreensão de que a linguagem é uma faculdade inerente ao ser humano e que precisa ser desenvolvida socialmente.

Assim, neste artigo, pretendemos discutir as teorias da enunciação de Mikhail Bakhtin e Émile Benveniste e suas contribuições para o ensino da língua portuguesa através de um método pedagógico apresentado no Colégio Universitário da Universidade Federal do Maranhão entre os anos 2007 e 2008. Dividimo-lo em dois capítulos: o primeiro abordará o aporte teórico da teoria dialógica sobre a perspectiva de Mikhail Bakhtin e Émile Benveniste; e o segundo, traçará os relatos de experiência das práticas pedagógicas desenvolvidas durante as aulas de ensino de português (do autor) durante as três séries do Ensino Médio no Colégio Universitário da Universidade Federal do Maranhão nos anos 2007 e 2008.

A Teoria Dialógica de Bakhtin e a Teoria Enunciativa de Benveniste

Vários são os trabalhos acadêmicos que relacionam a teoria da enunciação de Bakhtin à de Benveniste. Alguns o fazem para demonstrar as aproximações entre um e outro; outros primam por demonstrar os distanciamentos entre eles. Assim, deparamo-nos com dois pensadores, separados e em desconhecimento um do outro, que refletem sobre as suas próprias teorias e chegam a conclusões semelhantes em determinados pontos.

Neste capítulo, demonstraremos, brevemente, os princípios norteadores de cada um para em seguida tecer os pontos que convergem na teoria de ambos. Geralmente, começa-se esse debate pela teoria da enunciação de Mikhail Bakhtin, outrora, preferimos iniciar pelo fato gerador da associação de Émile Benveniste aos teóricos da enunciação: os indícios da presença do homem na linguagem e na língua.

Partiremos das considerações de Flores e Teixeira sobre o teórico, que afirmam não existir uma Teoria da Enunciação de Benveniste, mas sim "um conjunto de textos escritos entre os anos 1930 a 1970, que simultaneamente teorizam e analisam *a marca do homem na linguagem (grifo do autor)*" (Flores e Teixeira, 154), expressão usada pelo próprio Benveniste no prefácio de *Problemas de linguística geral I*.

Os autores afirmam que a palavra enunciação nem sempre aparece com mesmo sentido na obra de Benveniste, daí postula-se um problema fundamental: não se pode ler os textos de Benveniste como se fossem contemporâneos uns dos outros. Esses dois pontos – a falta de um modelo teórico definido e a flutuação conceitual – tornam-se pontos cruciais para compreender os problemas que Benveniste coloca ao leitor.

Dessa maneira, como proceder a compreensão dos textos de Benveniste? Eis que optamos pelas análises de Flores e Teixeira (2009) para elucidar estas dúvidas, pois indicam um eixo condutor para esta compreensão: explicitar o princípio teórico (axioma) e alguns dos conceitos primitivos sobre os quais o autor fundamenta a sua reflexão.

Assim três pontos surgem como norteadores da explicitação destes princípios teóricos: o axioma, o operador e os conceitos primitivos: a) *axioma* – seriam as proposições de base que se refere(m) ao objeto e que não exige(m) demonstração: o axioma é um princípio de evidência da teoria; b) *operador* – seria todo o dispositivo que permite o exercício do(s) axioma(s) num dado modo. É, pois, um instrumento que se manifesta na forma de metalinguagem. O operador do axioma *O homem está na língua* é a enunciação; c) *conceitos primitivos* – são aqueles conceitos que são interdependentes uns dos outros. Os autores citam um exemplo do próprio Benveniste: "A 'subjetividade' de que tratamos aqui é a capacidade do locutor para se propor como sujeito" (Benveniste, 1988, p. 286).

Eis que, para entendermos essa afirmação, precisamos saber o que o autor entende pelos termos locutor e sujeito. Em outras palavras, subjetividade, locutor e sujeito são conceitos primitivos uns em relação aos outros porque são interdependentes entre si.

Isso é que é próprio do homem e que faz do homem um ser racional (1988, p. 27); O homem inventa e compreende símbolos; o animal, não. Tudo decorre daí (p. 28); Na verdade o homem não foi criado duas vezes, uma vez sem linguagem, e uma vez com linguagem. A ascensão de Homo na série animal pode haver sido favorizada pela sua estrutura corporal ou pela sua organização nervosa; deve-se antes de tudo à sua faculdade de representação simbólica, fonte comum do pensamento, da linguagem e da sociedade. (Benveniste, 1988, p. 29).

Na citação acima, deparamo-nos com o princípio do pensamento benvenistiano, a explicitação do axioma fundador: *o homem está na língua*: o homem está na língua porque é fundado simbolicamente na linguagem.

Assim, segundo Flores e Teixeira (2009), "o axioma *o homem está na língua* é constituído por conceitos primitivos (foram destacados linguagem, línguas, locutor, sujeito, subjetividade e intersubjetividade) que têm a enunciação como operador" (Flores e Teixeira, 2009, p. 161).

Assim, segundo a teoria benvenistiana, o homem deve ser compreendido na sua capacidade de expressar simbolicamente a linguagem. Apesar de estritamente ao olhar linguista, mais voltado inclusive as estruturas da língua, Benveniste, neste axioma, abre-se à enunciação, pois eleva a sua compreensão de língua e linguagem ao caráter simbólico da existência e neste ponto subjetividade intersubjetividade adquirem um papel crucial apara esta compreensão.

Estes aspectos da teoria benvenistiana, ainda que apresentados resumidamente, neste artigo, são suficientes para apontarmos a relação desta teoria com a teoria da enunciação bakhtiniana e os pontos cruciais de ambas para a proposta de ensino da língua portuguesa a que nos propusemos neste artigo. Passemos agora à teoria enunciativa de Mikhail Bakhtin.

Para começar, "é praticamente unânime entre os estudiosos de Bakhtin o reconhecimento do dialogismo como conceito articulador de seu pensamento" (Flores e Teixeira, 2009, p. 146). Segundo Di Fanti, no *Dicionário de linguística da Enunciação*, "o dialogismo é um axioma da teoria bakhtiniana, que atravessa diferentes noções aí desenvolvidas: linguagem, palavra, signo ideológico, sujeito, estilo, compreensão, etc" (Flores e Teixeira, 80). Portanto, a noção de enunciação em Bakhtin é formulada a partir do questionamento da dicotomia língua e fala, presente em diversos textos, sob denominações diferentes.

(...) o que falta à linguística contemporânea é uma abordagem da enunciação em si. Sua análise não ultrapassa a segmentação em constituintes imediatos. E, no entanto, as unidades reais da cadeia verbal são as enunciações (Bakhtin/(Volochinov), 124-125).

Segundo Flores e Teixeira, nesta citação, Bakhtin anuncia uma linguística cujo objeto não é nem a língua nem a fala, mas a enunciação, evento de passagem do sinal ao signo (Flores e Teixeira, 148). Por isso, no último capítulo de *Problemas da poética de Dostoiévski* (Bakhtin, 181), o filósofo[1] centra o seu interesse exatamente nos aspectos deixados de lado pela linguística, propondo uma segunda disciplina para estudar o discurso, a metalinguística

---

[1] Flores e Teixeira (2009), na conclusão do artigo "Enunciação, dialogismo, intersubjetividade: um estudo sobre Bakhtin e Benveniste", atribuem a caracterização de filósofo da linguagem a Mikhail Bakhtin. Por diversas vezes, usam o termo "filósofo": "Explicita-se, assim, a diferença. O filósofo produz uma reflexão que se dirige a muitos objetos (conhecimento, literatura, cultura, entre outros). São reflexões que variam em função do objeto examinado, desenvolvendo sempre a tese do dialogismo em diferentes formulações; o linguista constitui uma reflexão que é circunscrita ao campo do linguístico, embora em interação com as outras áreas do conhecimento. É como linguista que Benveniste se dirige aos filósofos, sociólogos, antropólogos e psicanalistas" (p. 163).

(ou translinguística).

Assim, Bakhtin direciona o seu objeto de estudo para a metalinguagem por entender que esta se ocupa do que ele chama de relações dialógicas, relações estas que não podem ser estabelecidas por critérios genuinamente linguísticos, porque, embora pertençam ao campo do discurso, não pertencem a um campo puramente linguístico de seu estudo (Bakhtin, 1992, p. 182). Esta temática das relações dialógicas ressurge em *O problema do texto*:

A relação dialógica pressupõe uma língua, mas não existe no sistema da língua (...). A linguística estuda somente a relação existente entre os elementos do sistema da língua, e não a relação existente entre o enunciado e a realidade, entre o enunciado e o locutor (o autor). (...) O linguista está acostumado a perceber tudo num contexto fechado (dentro do sistema da língua ou do texto compreendido linguisticamente, sem levar em conta a relação dialógica que se estabelece com outro texto, o texto que responde), e, como linguista, sem dúvida, tem razão. (Bakhtin, 1992, p. 182).

Nesta citação de Bakthin, temos o eixo norteador da relação de sua teoria enunciativa em paralelo com a teoria benvenistiana, na qual o axioma *o homem está língua* está eivado do sentido de que o homem se constitui simbolicamente de linguagem. Essa capacidade humana de através de símbolos produzir linguagens só se faz com a presença do outro, daí a importância do dialogismo bakhtiniano para compreensão deste processo.

Neste ponto, ambas as teorias comungam a mesma ideia: a ideia de intersubjetividade que aparece nitidamente no capítulo 7 de *Marxismo Filosofia da Linguagem* (Bakhtin, 131). A afirmação de que "só a corrente da comunicação verbal fornece à palavra a luz de sua significação" (Bakhtin, 1992, p. 132) deixa ver que, na perspectiva bakhtiniana, a matéria linguística adquire significação num processo ativo e responsivo, isto é, intersubjetivo.

Eis que temos um diferencial importante na compreensão de Bakhtin para a língua, ultrapassando a dicotomia língua e fala, ele dá ênfase a intersubjetividade, trazendo a questão do outro de maneira concreta, como dimensão constitutiva da linguagem: o outro, enquanto discurso e o outro como interlocutor.

Por isso, mais a frente no segundo capítulo deste artigo, os relatos de experiências da prática pedagógica de ensino da língua portuguesa que serão apresentadas visam valorizar esse papel do *outro* na construção da linguagem. Procura-se fomentar um ensino da língua que envolva todos os seus atores (sujeitos, locutores, subjetividades) no processo de construção de compreensão da linguagem desde a sua fonte ao destinatário.

Com estas considerações, de forma alguma pretendíamos apresentar uma nova análise teórica sobre os pensamentos destes teóricos, por isso, nos detivemos em compreender estudiosos que já se debruçarem sobre eles e destacar os pontos cruciais destas teorias para a compreensão do método pedagógico para o ensino de língua portuguesa que empregamos no capítulo a seguir.

Relatos de experiência com alunos do ensino médio do COLUN da Universidade Federal do Maranhão

No ano de 2007, quando entramos para o Colégio Universitário (COLUN) da UFMA, a média de aprovação dos alunos nos vestibulares era de 25% dos egressos do 3º ano do ensino médio. Neste ano, saíram 3 (três) turmas de 3º ano, Turma A (45 alunos), Turma B (42 alunos) e Turma C (38 alunos).

Após uma mudança na forma de ensino da língua portuguesa, no que tange a mudança do método tradicional, baseado no ensino da gramática normativa, com a prática de atividades de fixação, simulados e provas, pelo método dialógico, pautado na enunciação, nos discursos cotidianos dos alunos e suas inter-relações com as demais áreas do conhecimento, essa porcentagem saltou para 75%, em 2008. Neste ano, saíram mais 3 (três) turmas de 3º ano, Turma A (47 alunos), Turma B (43 alunos) e Turma C (45 alunos).

Todo o esforço dos professores que participaram e colaboraram com a ideia trouxe resultados consideráveis para realidade da escola, resultados que modificaram não só a forma do ensino de português, mas que de alguma maneira influenciaram na maneira de ensinar outras disciplinas, mesmo de áreas bem distintas, como a física e química, nas quais em alguns momentos interdisciplinares conseguimos ministrar aulas em parceria, estando presentes no mesmo horário na sala de aula os três professores (português, física e química) com a turma.

Partindo do dissemos sobre o axioma benvenistiano de que "é na linguagem e pela linguagem que o homem se constitui como sujeito", viabilizamos através do método dialógico a valorização destes sujeitos na construção da linguagem por um viés conceitual e participativo, em que o aluno antes de perceber a estrutura linguística da língua, percebe-a enquanto manifestação de sua subjetividade, à medida que propomos que o discente dê o ponto de partida dos conteúdos que lhes são precipuamente mais latentes.

Para melhor compreender a proposta do método que aplicamos, faremos a exposição do mesmo em três momentos distintos de sua estruturação: no primeiro momento, fizemos a sondagem do nível de conhecimento da língua portuguesa da turma pelo método tradicional – aplicação de atividades de fixação com questões objetivas e analíticas de estruturas linguísticas conceituais, conhecimentos lexicais, morfológicos, sintáticos, semânticos, explorados geralmente em frases ou orações isoladas, descontextualizadas de seu uso, numa ausência total do "outro" bakhtiniano, ou seja, do texto fragmentado, sem uma atividade intrinsicamente dialógica.

Após essa sondagem, apresentamos à turma os resultados da avaliação, detalhando as dificuldades de análise dos quesitos e discutíamos, professor e alunos, porque eles estudam português a vida toda e ainda não sabiam responder questões simples como identificar e diferenciar um substantivo ou adjetivo, ou ainda, destacar uma oração subordinada, identificar se ela é substantiva ou adjetiva ou adverbial. Enfim, em geral, a avaliação apresentava um rendimento muito baixo: de 45 alunos de uma turma de 3° ano de ensino médio, apenas 8 apresentavam rendimento de nota 7,0 para cima na sondagem.

Como a proposta do nosso método didático é partir da enunciação para gramática, de maneira a valorizar mais a boa comunicabilidade do sujeito, com o devido emprego da norma culta, conforme as exigências dos exames (vestibulares, concursos, seletivos, entrevistas de emprego) que a sociedade; do que o estudo da gramática normativa em si, alguns procedimentos atuavam como fundamentais nesta prática pedagógica: a) todo material didático era construído no decorrer das aulas; b) o planejamento docente era essencial para o sucesso da aula, uma vez que o professor precisava avisar aos alunos com antecedência os recursos de que seriam necessários para a execução das atividades; c) os horários dobrados eram importantes para o desenvolvimento das atividades (todas as atividades eram planejadas para dois horários de aula – 1h40min); d) os alunos desenvolviam atividades em grupos (duplas ou trincas); e) todas as atividades eram apresentadas em público no mesmo dia da produção, às vezes, ficando para aulas subsequentes; f) a avaliação era sistemática (faziam-se simulados devido ao modelo do Enem) e continuada, cada atividade resultava em uma nota para o aluno.

Feitas essas considerações, relataremos um pouco dos procedimentos que eram executados no método. Por exemplo, para ministrar uma aula de ortografia, o professor solicitava dos alunos que tirassem fotos (de celulares ou máquinas fotográficas) de palavras que considerassem erradas na rua (placas, propagandas em muros, carros, ônibus, outdoors, cartazes em postes, lanchonetes, shopping, etc.). Com essas ferramentas, o professor iniciava a aula. Pedia a cada grupo que transcrevesse para uma folha de papel ou cartolina as palavras destacadas na imagem, identificando o erro, mas, principalmente, justificando-o através da norma padrão perante a turma. O grupo deveria ainda contextualizar a palavra analisada, situando-a sociolinguisticamente ao tempo e espaço em que fora empregada, por exemplo, o uso da expressão "concerta-se bicicleta" em uma placa de uma oficina de bicicletas, em um bairro da periferia da cidade.

Através de imagens capturadas pelos alunos através de fotos tiradas nas ruas em seus smartphones, ou prints de mensagens de *Whatsapp*, ou imagens da internet, enfim, fontes textuais fornecidas pelos próprios alunos, assim era possível trabalhar qualquer conteúdo de língua portuguesa *a partir do que os alunos forneciam*, lembrando os ensinamentos de Bakhtin ao afirmar que "as relações dialógicas são irredutíveis às relações lógicas ou às concreto-semânticas, que por si mesmas carecem de momento dialógico" (Bakhtin, p. 1981, p. 183).

Por isso, solicitava-se aos alunos que contextualizassem aquela enunciação com o outro, pois a semantização da língua ocorre na enunciação, por conseguinte, "o sentido se define no ato de materialização das relações dialógicas" (Flores, 2004, p. 149).

Em muitas atividades desenvolvidas, podíamos desenvolver diversas habilidades dos alunos, como ocorreu, por exemplo, com o 3º ano do Ensino Médio, Turma B, em 2008, durante uma aula de Fonologia, mais especificamente, sobre os encontros vocálicos. Neste dia, levamos uma caixa com revistas (Veja, Isto é, Superinteressante, Nova escola) para sala de aula, além de cola e tesouras. A atividade consistia em montar uma tabela com três colunas: ditongos, tritongos e hiatos e em outra folha, realizar a mesma tabela com a separação silábica destas mesmas palavras. Geralmente, os erros que apareceram na atividade de sondagem no início das aulas são reapresentados a turma para que os percebam. Interessante que antes da atividade, sempre eles pedem o "lembrete gramatical"[2], para que possam desenvolvê-la com o mínimo de erros possível. Durante as explicações do lembrete gramatical, percebia-se um vínculo bem maior de interesse e participação da turma, pois todos queriam fazer a melhor atividade. Alguns se esforçavam para lembrar a teoria gramatical do assunto antes mesmo da explicação do professor para já começarem o exercício. Nesta aula, em especial, durante as explanações da regras do ditongo, do tritongo e do hiato, surgiu uma canção inventada pelo professor e parodiada pela turma, "Cantando a fonologia", que foi muito bem recebida por todos os alunos do Ensino Médio e trazia em suas estrofes as regras resumidas: "se juntar semivogal + vogal e semivogal, eis aí um tritongo nasal ou oral; semivogal + vogal ou vice-versa dá ditongo, e esse pode ser crescente ou decrescente" (Brussio).

Daí para frente, as aulas ficaram cada vez mais criativas, surgiram outras músicas como "O Pagode do predicado", o "Balanço do substantivo" e o "Rap das orações", fora o fato de que os alunos montaram um coral na escola para passar a todos os outros alunos estas músicas.

Considerações Finais

Neste artigo, pudemos discutir um pouco a importância da teoria dialógica para o ensino da língua portuguesa, a partir da análise das teorias enunciativas de Bakhtin e Benveniste em paralelo com os relatos de experiência ocorridos

---

[2] Esse é um dos poucos momentos em que o professor de português não consegue fugir ao ensino da gramática e das estruturas linguísticas. É necessário que o aluno conheça o esqueleto da língua (a gramática), mas melhor seria se esse processo se desse pela naturalização desta gramática. A iniciativa de partir da enunciação para a gramática, tem ajudado muito a despertar o interesse dos alunos pelo funcionamento da língua portuguesa.

no COLUN da UFMA nos anos de 2007 a 2010.

Ensinar a língua portuguesa numa perspectiva dialógica tornou-se um caminho imprescindível para se transmitir o conhecimento da língua em sua fecundidade, ou no dizer de Bakhtin, "a unidade real a da língua que é realizada pela fala (...) não é a enunciação monológica individual e isolada, mas a interação de pelo menos duas enunciações, isto é, o diálogo" (Bakhtin, Volochinov, 2014).

Esperamos com este trabalho ter contribuído para as reflexões sobre o ensino da língua numa perspectiva dialógica. Sabemos que o tema é amplo, por isso, entendemos que este esboço está aberto para as ponderações e argumentações que venham a protestar as ideias aqui expostas. Entendemos que o movimento do pensamento (numa perspectiva dialética) é necessário para o desenvolvimento de uma determinada teoria. E reiteramos que de forma alguma pretendíamos apresentar uma nova análise teórica sobre os pensamentos destes teóricos, por isso, nos detivemos em compreender estudiosos que já se debruçarem sobre eles.

Referências bibliográficas

Bakhtin, M./(Volochinov). *Marxismo e filosofia da linguagem: problemas fundamentais do método sociológico na ciência da linguagem.* 16. Ed. São Paulo: Hucitec, 2014.

Bakhtin, Mikhail. *Problemas da poética de Dostoiévski.* Rio de Janeiro: Forense-Universitária, 1981.

_____. *Estética da criação verbal.* São Paulo: Martins Fontes, 1992.

_____. "O problema do texto". *Estética da criação verbal.* São Paulo: Martins Fontes, 1992.

Barthes, Roland. *Mythologies.* Editions Du Seil, 1957.

Benveniste, Émile. *Problemas de linguística geral I.* Pontes: Campinas, 1988.

_____. *Problemas de linguística geral II.* Pontes: Campinas, 1989.

Flores, V. N. "Por que gosto de Benveniste? *Letras de Hoje,* n. 138, dez. 2004.

Flores, V. N. e Teixeira, M. *Enunciação, dialogismo, intersubjetividade: um estudo sobre Bakhtin e Benveniste.* Bakhtiniana, V.1, N.2, P. 143 -164, 2º SEM., 2009.

Flores, V; Barbisan, L.; Finatto, M.J.; Teixeira, M. (orgs). *Dicionário de linguística da enunciação.* Contexto: São Paulo, 2009.

Luft, Celso Pedro. *Língua e Liberdade.* São Paulo: Ática, 1993.

3.2 ELABORAÇÃO DE MATERIAL DIDÁTICO DE PORTUGUÊS COMO SEGUNDA LÍNGUA PARA SURDOS NA FORMAÇÃO DE PROFESSORES DE LETRAS

Cristiane Batista do Nascimento
Layane Rodrigues de Lima
Universidade Federal de Goiás e Universidade de Brasília

Resumo: Este artigo apresenta uma proposta de elaboração de sequências didáticas para o ensino de português como segunda língua (L2) para surdos na formação inicial de professores na área de Letras. Essa proposta foi desenvolvida no subprojeto intitulado "Elaboração de material didático de português como segunda língua para surdos", realizado com 26 estudantes da graduação em Letras da Universidade Federal de Goiás, no âmbito do projeto Prática como Componente Curricular, no ano de 2016. Os objetivos foram: (i) orientar os estudantes na construção de unidades didáticas a partir do uso de textos autênticos de português, como orientam Silva e Grannier (2005); e (ii) fornecer diretrizes para a elaboração apropriada desses materiais. Inicialmente, os acadêmicos deveriam realizar um estudo teórico sobre o processo de aprendizagem de línguas pelo surdo e investigar quais são os materiais didáticos atualmente utilizados nesse processo, conforme pressupostos contidos em Quadros (1997), Salles et al. (2004) e Grannier (2007). Nesse ínterim, foram desenvolvidas duas oficinas com o intuito de trabalhar a estrutura de uma unidade didática, em seus aspectos linguísticos e extralinguísticos, de acordo com as seguintes partes, sugeridas por Silva e Grannier (2005): atividade de aquecimento, texto-base, compreensão textual, foco-na-forma, vocabulário e produção de texto. Os materiais desenvolvidos pelos estudantes poderão ser aplicados em escolas de Educação Básica e a reflexão sobre essa prática de ensino específica contribuirá para mudanças no trabalho docente na área de português como L2 para surdos.

Palavras-chave: Material didático. Português. Surdos. Formação de Professores.

Introdução

No campo do ensino de segundas línguas/línguas estrangeiras um dos principais desafios diz respeito à elaboração de materiais didáticos (MD) que reflitam o uso adequado da língua-alvo em associação com o seu contexto social, cultural, histórico e pragmático. No Brasil, esta preocupação tem sido identificada mais recentemente na área de ensino do português como segunda língua (L2) para o público surdo, o qual possui, em sua maioria, a Língua de Sinais Brasileira (Libras) como primeira língua (L1). No entanto, o quadro atual aponta o uso de metodologias e materiais didáticos para surdos muitas vezes descontextualizados, infantilizados ou voltados para o público não-surdo no contexto escolar brasileiro, como indica Santos (2016, p. 239). A autora justifica que essa inadequação se dá devido à falta de formação acadêmica do professor nessa área. Com efeito, no Brasil, a obrigatoriedade da inclusão da disciplina Libras nos currículos dos cursos de licenciatura e do ensino da língua portuguesa como L2 para pessoas surdas ocorreu com a publicação do Decreto n°. 5.626, no ano de 2005 (Brasil, 2005). Em consequência, muitos professores, especialmente aqueles que finalizaram o curso superior antes da promulgação do mencionado Decreto, não tiveram formação acadêmica no que se refere à abordagem bilíngue na educação de surdos, a qual considera o uso da Libras como L1 e do português escrito como L2. Assim sendo, essa situação nos motivou a oferecer aos estudantes da graduação da Faculdade de Letras (FL) da Universidade Federal de Goiás (UFG) o subprojeto intitulado "Elaboração de material didático de português como segunda língua para surdos", no âmbito do projeto *Prática como Componente Curricular[1]*, no ano de 2016.

Nesse subprojeto, participaram 26 estudantes de graduação. Essa proposta buscou introduzir o acadêmico de Letras na identificação do processo de aquisição/aprendizagem[2] de línguas pelo surdo, a fim de, após refletir sobre esse processo, propor novas estratégias didáticas que contribuirão para uma educação adequada a essa minoria linguística usuária de uma língua visual-espacial. Para isso, o estudante de Letras deveria desenvolver uma unidade didática de português como L2 com foco no público surdo.

Desse modo, as etapas de desenvolvimento do subprojeto foram contempladas em três módulos, as quais corresponderiam ao total de 100 horas, a saber: (1) estudo teórico sobre o processo de aquisição/aprendizagem de línguas pelos surdos (40 horas); (2) pesquisa sobre materiais didáticos utilizados no ensino de português para surdos (20 horas); e (3) elaboração de uma unidade didática de português para surdos (40 horas).

Em relação à primeira etapa, os estudantes deveriam realizar pesquisa bibliográfica com foco no processo de aquisição/aprendizagem de línguas pelo surdo e, ao final dessa etapa, eles deveriam entregar uma síntese de cinco a dez páginas da pesquisa realizada. Sobre a segunda etapa, os estudantes poderiam visitar instituições de ensino para identificar os materiais didáticos utilizados nas aulas de português para surdos ou pesquisar em fontes disponibilizadas em meios impressos e/ou eletrônicos e, posteriormente, apresentar um relatório de até três páginas. A terceira etapa, por fim, consistiu

---

[1] A *Prática como Componente Curricular* trata-se de uma atividade de caráter obrigatório no currículo da FL/UFG, em que o estudante deverá dedicar 400 horas ao longo do curso de quatro anos, com o objetivo de relacionar teoria e prática por meio de atividades de pesquisa e de extensão. Para isso, a cada ano, a FL/UFG oferta aproximadamente 50 subprojetos, com a duração de 100 horas cada. O estudante se inscreve em apenas um subprojeto por ano e é orientado por um ou mais professores da FL/UFG.

[2] Apesar de alguns autores, como Krashen (1982, p. 10), diferenciarem os processos de "aquisição" e de "aprendizagem", nesse artigo, não faremos tal distinção.

na elaboração de uma unidade didática, que contemplasse os seguintes aspectos: (1) atividade de aquecimento; (2) texto-base; (3) compreensão textual; (4) foco-na-forma (tópico gramatical); (5) vocabulário; e (6) produção de texto. Além disso, seria necessário elaborar um manual para o professor com as explicações sobre cada atividade proposta. Para a elaboração da unidade didática, oferecemos aos estudantes duas oficinas com as explicações das partes da unidade, organizadas a partir do uso de textos autênticos de diversos gêneros textuais, como sugerem Salles et al. (2004, p. 115) e Silva e Grannier (2005, p. 2).

Portanto, nesse artigo, apresentamos algumas reflexões realizadas a partir: (i) dos estudos teóricos na área de ensino de português escrito como L2 para surdos feitos pelos estudantes da FL/UFG; e (ii) da aplicação dessas duas oficinas. O objetivo deste trabalho é contribuir para a formação inicial de professores tanto durante a graduação quanto na sua formação continuada, fortalecer o desenvolvimento de uma educação linguística adequada de português para o público surdo.

Ensino de português para surdos

Nesta seção, mostramos os conteúdos teóricos desejados que os participantes do projeto adquirissem para posterior confecção da unidade didática. Diante disso, eles deveriam se embasar nas teorias de aquisição/aprendizagem de línguas por surdos, com o intuito de explicar como a forma de adquirir língua interfere na metodologia de ensino de português para esse público. Desse modo, apresentamos aqui, brevemente, tais processos de aquisição/aprendizagem de L1 e de L2 por surdos. Logo depois, expomos as dificuldades que os surdos manifestam em suas produções escritas.

A aquisição de uma L1 pode ocorrer naturalmente em crianças surdas expostas a uma língua de sinais. Em virtude dessa capacidade inata para a linguagem, sabe-se que, qualquer criança inserida em uma comunidade de fala, irá aprender a língua à qual está exposta, sem dificuldades ou ensino formal (Salles e Naves, 2010, p. 26).

O ambiente natural para aquisição de L1 por crianças surdas é uma família surda, isto é, surdos, filhos de pais surdos. Porém, a maioria das crianças com perda auditiva tem um ambiente adverso, pois são surdos, filhos de pais ouvintes (Quadros, 1997, p. 70). Em decorrência disso, a aquisição desde a mais tenra idade fica comprometida. Como resultado, a aquisição de uma L1 por surdos acaba sendo tardia, por vezes fora do chamado período sensível à aquisição. Além disso, o primeiro contato com a língua de sinais tem ocorrido apenas na escola.

Vale mencionar que relatos e experiências (Quadros, 1997, p. 27; Sacks, 1998, p. 34) têm mostrado a importância crucial das línguas de sinais para o desenvolvimento do intelecto do indivíduo surdo e essa aquisição de uma língua de sinais como L1 tem sido essencial no aprendizado de uma língua oral como segunda língua. Enfim, uma língua de modalidade espacial-visual é natural para uma pessoa surda, tendo em vista que a barreira da limitação auditiva não interfere na aquisição de uma língua dessa modalidade.

Conforme destacado, a L1 não precisa ser ensinada, a aquisição ocorre naturalmente no contato com a língua na qual a criança está exposta. Por outro lado, ao se tratar da aquisição/aprendizagem de uma L2 vários fatores precisam ser levados em consideração, tais como: o ambiente, a qualidade do *input*[3], a idade do aprendiz, o interesse ou motivação para aprender determinada língua, fatores afetivos, as estratégias e os estilos de aprendizagem, entre outros (Quadros, 1997, p. 112).

Antes de tudo, precisamos ter em mente que uma língua oral não é acessível às crianças surdas. Dito isso, fica claro que a aquisição de uma língua de modalidade oral-auditiva, como a língua portuguesa (LP), não será adquirida espontaneamente e, para que o surdo aprenda a LP, terá que ser exposto ao ensino formal. Sobretudo, ressaltamos que o ensino de LP para surdos deve contemplar apenas as habilidades de leitura e de escrita, haja vista que não é função do professor ensinar a oralização, ou seja, a produção dos sons da fala. Caso o surdo tenha este interesse, ele deve contar com a ajuda de outro profissional, neste caso, o fonoaudiólogo.

Desse modo, indivíduo surdo no Brasil, para desfrutar da plena cidadania, precisa ser bilíngue, ou seja, precisa utilizar a Língua de Sinais Brasileira como L1 e o Português como L2, em sua modalidade escrita. As habilidades de ler e de escrever são aprendidas e devem ser ensinadas na escola como uma L2, uma vez que esse ensino precisa ser explícito, pois não ocorre naturalmente.

Lembramos que a língua portuguesa como L2 para surdos deve contemplar a linguagem formal e informal, bem como mostrar a variação linguística e apresentar claramente os usos para que o aprendiz não faça usos inadequados da língua em ambientes formais como, por exemplo, o ambiente de trabalho.

No entanto, nesse processo de aquisição/aprendizagem do português escrito como L2 pelos surdos, algumas dificuldades têm sido identificadas, como apontam estudos como o de Grannier e Silva (2007). Essas pesquisadoras apresentam sete pontos críticos no aprendizado do português por surdos, os quais são: (1) quebra de bloco semântico; (2) inadequação vocabular; (3) itens enumerados; (4) ordem de constituintes; (5) falta, troca ou excesso; (6) categorias trocadas; e (7) estruturas compactas/ elipses excessivas.

Nesse mesmo sentido, Fernandes (1999, p. 78) salienta que o professor deverá estar atento às seguintes especificidades morfossintáticas no que se refere à forma ou à estrutura do texto em português muitas vezes

---

[3] Dados de entrada de uma língua.

apresentadas pelo aprendiz surdo e que estão diretamente relacionadas à organização linguística da Língua de Sinais Brasileira:

- estruturas típicas relacionadas à *flexão de modo, tempo* – inexistentes em Libras – e *pessoas verbais*;
- ausência de *verbos de ligação e verbos auxiliares*;
- utilização do *artigo* de forma inadequada ou aleatória, devido a sua inexistência em Libras;
- utilização de elementos que constroem a coesão textual como é o caso *das conjunções, preposições, pronomes*, entre outros, que poderão não se apresentar ou se colocar inadequadamente;
- *concordância verbal e nominal* que, pela ausência de desinência para gênero e número, bem como flexão verbal de modo e tempo em Libras, poderão apresentar-se de forma peculiar;
- questões de *gênero e número* por serem não marcados em Libras.

Sendo assim, diante dessas dificuldades, surge nesse processo a formação da *interlíngua*. A interlíngua diz respeito ao sistema linguístico construído pelo aprendiz de segunda língua com base em sua primeira língua (Ellis, 1994, p. 16). No processo de aquisição/aprendizagem do português como L2 por surdos, Brochado (2003) identifica três fases de interlíngua, a saber: (1) uso predominante de estratégias de transferência da Libras (L1) para a escrita da língua portuguesa (L2); (2) escrita com mistura das duas línguas, em que se observa o emprego de estruturas linguísticas da Libras e o uso indiscriminado de elementos da língua portuguesa, na tentativa de apropriar-se da língua-alvo, além do emprego, muitas vezes desordenado de constituintes da L1 e L2; e (3) escrita com o emprego predominante da gramática do português em todos os níveis, principalmente, no sintático, definindo-se pelo aparecimento de um número maior de frases na ordem Sujeito-Verbo-Objeto (SVO) e de estruturas complexas. Como consequência para o ensino de português escrito como L2 a surdos, é essencial que o professor identifique a fase de interlíngua em que se encontra o seu estudante a fim de fornecer o material didático apropriado.

Além dessas dificuldades mais formais da escrita, os professores de surdos devem compreender que, embora os surdos estejam em território brasileiro, diversas sutilezas culturais como a polidez, a adequação e boa educação, não são aprendidas pelos surdos apenas no convívio social. Essas lacunas na aprendizagem podem ser contempladas no material didático evitando, assim, comportamentos reprováveis socialmente sem que, ao menos, tenham a oportunidade de aprender. Todas essas nuances devem ser pensadas para o ensino de português para surdos. Esses aprendizes de língua não necessitam de informações sobre a alimentação do país ou sobre os costumes brasileiros como vestimenta, por exemplo, embora precisem de informações que os permitam conhecer certas convenções sociais e alguns aspectos culturais dos ouvintes brasileiros.

Tendo em vista que, atualmente há uma escassez de materiais didáticos que cumpram esse objetivo, na próxima seção, apresentamos uma proposta de sequência didática para o ensino de português como segunda língua, na modalidade escrita para surdos, a qual foi trabalhada com os estudantes participantes do nosso projeto. Na realidade, o que vem ocorrendo nas escolas é que os livros dos estudantes surdos são os mesmos utilizados pelos não-surdos, cujo português é uma língua materna. Embora seja possível encontrar materiais de orientação para os professores ensinarem português para surdos, é raro ter materiais destinados a esses aprendizes.

Em vista dessa problemática, esse artigo visa contribuir para a formação dos professores de Letras para que saibam produzir materiais didáticos para surdos, uma vez que dificilmente encontrão materiais adequados para utilizar em suas aulas. O mais importante é estarem conscientes de que a metodologia de ensino de português para surdos é de L2 e, por consequência, não pode ser a mesma aplicada aos ouvintes.

Uma proposta de sistematização de sequências didáticas de português para surdos como L2

Essa proposta busca oferecer princípios básicos e orientações gerais aos professores em formação inicial ou continuada para a constituição de sequências didáticas voltadas para a educação de surdos no processo escolar, em uma perspectiva bilíngue, para qualquer nível de aprendizagem. Como mencionado na seção anterior, é fundamental que o elaborador de materiais didáticos tenha conhecimento do processo científico de aquisição/aprendizagem de línguas pelo surdo para ser capaz de identificar em que nível linguístico, ou interlíngua, do português o seu estudante surdo se encontra. É importante também ser fluente na Libras e na Língua Portuguesa a fim de se utilizar uma metodologia contrastiva e bilíngue nesse processo de ensino da L2. Em outras palavras, deve-se trabalhar a L2 a partir da L1 que o estudante conhece, como orienta Lobato (2015, p. 51).

Tendo em vista os pressupostos acima destacados, apresentamos a seguir os passos para a constituição de uma sequência didática de português escrito para surdos como L2, como uma expansão da proposta de Silva e Grannier (2005) em seus aspectos linguísticos e extralinguísticos:

- **Passo 1**: Atividade de aquecimento.
- **Passo 2**: Texto(s) base.
- **Passo 3**: Atividades de foco na forma: gramática do texto; vocabulário; pragmática e outros (componente lúdico, curiosidades, piada/charge, jogos, etc.).
- **Passo 4**: Produção textual.
- **Passo 5**: Manual do professor.
- **Passo 6**: Revisão do material.

- **Passo 7:** Avaliação do material.

O primeiro passo diz respeito à *atividade de aquecimento*, que visa despertar o interesse do aprendiz quanto ao assunto proposto e a participar das atividades sugeridas na sequência didática. Por exemplo, pensando-se em um nível principiante, se o texto base é uma propaganda do governo sobre educação no trânsito, a qual alerta a respeito do perigo da utilização do telefone celular enquanto se dirige, a atividade de aquecimento pode ser realizada por meio de perguntas do tipo: "Alguém aqui dirige? Pode-se dirigir de qualquer maneira ou há algumas regras? Para que servem as placas de trânsito?", associadas com imagens e ilustrações de diversos tipos de placas. Para isso, sugerimos que o professor faça as perguntas comunicando-se com o(s) estudante(s) por meio da língua de sinais, em uma interação bilíngue. Isso significa dizer que a aula deverá contemplar tanto a Libras como o português escrito nas estratégias de ensino em sala de aula, como indicam Quadros & Schmiedt (2006, p. 18) e Salles et al. (2004, p. 57).

Um aspecto essencial em qualquer material didático é a seleção de textos. Este é o segundo passo para a constituição de uma sequência didática: o(s) *texto(s) base*. Como mencionado anteriormente, Salles et al. (2004, p. 115) e Silva e Grannier (2005, p. 2) recomendam o uso de textos autênticos nesse processo, ou seja, aqueles textos publicados em mídias impressas ou digitais, uma vez que eles refletem a linguagem em uso e evitam a criação de textos artificiais e/ou descontextualizados. Diante disso, o elaborador de materiais didáticos precisa ter à sua disposição uma variedade de textos de todos os gêneros e tipos (descritivos, expositivos, narrativos, dissertativos etc.). Nesse processo de escolha do texto base, deve-se buscar a resposta à pergunta, sugerida por Grannier (2003), da seleção do "Bom pra quê?". Para isso, a autora propõe que esse processo se desenvolva em três fases, a saber: (1) *fase da exploração*: a busca por textos autênticos e a verificação do que chama a atenção; (2) *fase da análise*: análise sobre o que é possível se trabalhar por meio do texto, iniciando-se por questões de leitura e compreensão, pontos gramaticais e possibilidades de produção de texto; e (3) *fase da ação*: elaboração de diversos tipos de atividades, o que nos leva ao próximo passo.

As *atividades de foco na forma*, terceiro passo, são realizadas a partir de elementos encontrados no próprio texto base. Por isso, as questões gramaticais, o vocabulário, aspectos pragmáticos e culturais devem ser provenientes do próprio texto base. No que se refere aos aspectos gramaticais, considerando-se a oferta de um curso básico de português de aproximadamente 180 horas, Grannier e Silva (2) propuseram a distribuição de textos a partir dos diversos tempos verbais do português, os quais, segundo as autoras, apresentam diferentes graus de complexidade sintática ou morfológica. No Quadro 1, temos a relação entre os níveis de aprendizagem e os tempos verbais do português.

Quadro 1 – Níveis de aprendizagem do português e tempos verbais

Nível	Tempos verbais
Principiante	Tempos do presente do indicativo: presente, futuro composto (vai + infinitivo), presente contínuo (está + gerúndio) e formas nominais: infinitivo, gerúndio e particípio passado. (Imperativo.)
Intermediário 1	Tempos do pretérito: perfeito (primeira parte)
Intermediário 2	Tempos do pretérito: perfeito (segunda parte), imperfeito, pretérito perfeito composto (tem + particípio passado), pretérito mais-que-perfeito composto (tinha + particípio passado).
Avançado	Todos os tempos do subjuntivo e os tempos futuro do presente (farei) e futuro do pretérito (faria).

Fonte: Grannier e Silva (2009, p. 2)

As autoras esclarecem que será difícil encontrar textos publicados que possuam apenas um dos tempos verbais indicados em cada um dos níveis de aprendizagem, conforme mencionados no Quadro 1 acima. Neste caso, elas explicam que os tempos verbais que predominam no texto definirão o seu nível de complexidade.

O vocabulário, por sua vez, deve refletir o assunto considerado na sequência didática, porém este não deve ser tratado apenas como uma mera lista de palavras. A diversidade de atividades possibilitará a exposição aos contextos possíveis de ocorrência das novas palavras por meio de exercícios que apresentem níveis crescentes de dificuldade, a fim de facilitar a aquisição e a retenção dos novos itens lexicais aprendidos.

Um outro ponto a se destacar na elaboração de atividades de foco na forma diz respeito às questões pragmáticas. Segundo Ellis (1994, p. 159), a "pragmática é o termo usado para se referir ao campo de estudo em que as características linguísticas são consideradas em relação aos usuários da língua[4]". Em outras palavras, a pragmática é o estudo da língua em comunicação. Diante disso, o material didático deve levar o aprendiz a construir a sua 'competência pragmática', a qual diminuirá a ocorrência das inadequações pragmáticas por parte do aprendiz de português como L2. A competência pragmática envolve saber utilizar e compreender as regras socioculturais, tais como o uso de estratégias diretas e indiretas para pedir desculpas, os tipos diferentes de cumprimentos, a proximidade ao interlocutor durante o ato comunicativo, a utilização de perguntas de cunho pessoal, a referência à alguém como gordo(a) ou magro(a), dentre outras. Para algumas pessoas, esse aspecto não é muito claro quando se trata do ensino de português como L2 para surdos, uma vez que estes cidadãos são

---

[4] Texto original: "Pragmatics is the term used to refer to the field of study where linguistic features are considered in relation to users of the language." (Ellis, 1994, p. 159).

brasileiros natos e, *a priori*, não necessitariam aprender questões pragmáticas. No entanto, muitos desconhecem o fato de que os surdos compartilham de uma cultura, identidades (Perlin, 2005) e comunidade surdas com características próprias e bem definidas, com enfoque na visualidade e no uso da língua de sinais, como explica a pedagoga surda Karin Strobel (2008). Sendo assim, o elaborador de materiais didáticos precisará estar atento a estas especificidades que envolvem questões de polidez linguística, pois muitas vezes os surdos não se dão conta de que podem estar cometendo uma inadequação pragmática em determinados contextos de interação comunicativa.

Nesse sentido, outros aspectos de natureza extralinguística também devem ser considerados nesse processo de elaboração de sequências didáticas. O elaborador precisará fazer escolhas sobre o estilo, a variedade linguística selecionada para o material, as expressões idiomáticas, o uso do componente lúdico, as curiosidades, as piadas/charges que refletem o contexto social, político e histórico do país, os jogos, etc. Enfim, um bom material didático deve conter todos estes elementos em suas atividades, tarefas e exercícios.

A *produção de texto*, quarto passo, é a parte em que o aprendiz poderá apresentar se compreendeu o tema estudado ao se tornar autor de um novo texto, em que será possível identificar a sua criatividade e a sua visão de mundo. Para ser eficaz, a produção de texto precisa acompanhar o nível de complexidade que o material didático apresenta. Além disso, é preciso que a produção do texto esteja em harmonia com a temática abordada na sequência didática.

O *manual do professor* é o quinto passo. Nesta parte, são feitos comentários e sugestões sobre a aplicação de cada atividade, especialmente no caso de o material vir a ser utilizado por outro professor que não seja o próprio elaborador da proposta.

O sexto passo trata da *revisão do material*. A revisão é uma parte essencial na finalização de qualquer material didático a fim de evitar inadequações relacionadas à digitação, à concordância e regência nominais e verbais, à desvios do assunto condutor do material, dentre outros aspectos.

O último passo é a *avaliação do material*. Nesta etapa, o material produzido é testado com o público-alvo a que se destina a sequência didática, com vistas a testar sua funcionalidade, verificar a adequação das atividades propostas, bem como reavaliar e corrigir inadequações no conteúdo proposto.

Dessa forma, esses sete passos podem ser utilizados na elaboração de sequências didáticas para qualquer nível linguístico de aprendizagem: principiante, intermediário ou avançado. Em suma, no Quadro 2 a seguir, apresentamos um modelo de sistematização da sequência didática adaptada da proposta de Grannier:

Quadro 2 – Modelo de Sequência Didática

Atividade de Aquecimento	Texto(s) base	Compreensão textual	Atividades de foco na forma				Produção textual
			Gramática	Vocabulário	Pragmática	Outros	

Fonte: as autoras.

Após a apresentação da proposta da sequência didática, expomos a seguir uma lista de problemas encontrados nos materiais didáticos elaborados pelos estudantes de Letras que participaram de nosso projeto. Em seguida, apresentamos mais algumas orientações e sugestões para a elaboração do material didático de LP para surdos.

Dentre os problemas identificados nos materiais didáticos para surdos elaborados pelos acadêmicos de Letras, alistamos os seguintes:

• propor atividades que tratam o aprendiz surdo como um estudante de L1. Em geral, materiais desse tipo são repletos de nomenclaturas gramaticais, que pouco ou nada contribuem para o aprendizado da LP como L2;

• contemplar todas as regras do tópico gramatical selecionado em uma única unidade didática;

• fornecer pouco *input* e propor atividades que extrapolam o que foi ensinado;

• selecionar textos inadequados à faixa etária ou conteúdos que não estão de acordo com o nível de língua desejado;

• apresentar tópicos gramaticais descontextualizados do texto base;

• dar mais ênfase às regras da gramática do que ao conteúdo comunicativo, devido a nossa tradição escolar com foco na estrutura gramatical;

• não apresentar os usos reais da língua, por exemplo, materiais que, ao explicar o pretérito perfeito do indicativo, ensinam os pronomes pessoais eu, tu, ele/ela, nós, vós, eles/elas em detrimento das formas mais recorrentes eu, você/ele/ela/a gente, nós, vocês/eles/elas. Ignora-se o uso real da língua sem ao menos esclarecer os contextos de usos;

• mudar a temática na sequência didática, quebrando assim a unidade temática;

• selecionar imagens ou ilustrações que não contribuem para a compreensão dos textos. É preciso verificar se a seleção de textos e imagens contribui para o entendimento do aprendiz surdo ou o conduz a um entendimento equivocado ou que não abrange o significado da palavra contido no texto. Dessa forma, aconselhamos evitar colocar imagens que não sejam originais dos textos selecionados;

- elaborar atividade de compreensão de texto que não contém perguntas que necessitem retomar de fato o texto base; e
- dar um enfoque demasiado ao tema e esquecer de que o foco é o ensino de português como L2.

Arrolamos, a seguir, mais algumas orientações e sugestões para a composição de materiais didáticos de LP para surdos. A primeira orientação é priorizar um material didático com conteúdo significativo para os aprendizes surdos. Dessa forma, sugerimos que os temas das sequências didáticas auxiliem na execução de tarefas do mundo real, contribuam para a compreensão da realidade, dos conhecimentos gerais, com a conscientização dos seus direitos e deveres perante a sociedade e até mesmo tratem de temas voltados para o bem estar desse público.

Uma segunda orientação vai no sentido de elaborar materiais didáticos com mais empatia para com a pessoa surda, isto é, um material com o qual o surdo se identifique, que vá ao encontro das suas necessidades de aprendizagem, e que apresente soluções para as suas dificuldades com a LP. Além disso, é importante que se produza um material que apresente contextos a serem vivenciados por surdos, situações que possam contribuir para a autonomia desses sujeitos, bem como textos que, em alguns momentos, sejam capazes de promover a identificação com os surdos: como trazer uma história de um bicho de estimação surdo, por exemplo, ou apresentar uma personalidade surda para que seja uma referência motivadora aos aprendizes.

A terceira orientação é para que as expressões da oralidade também sejam contempladas no ensino de L2, por meio da escrita. As linguagens formal e informal devem ser ensinadas. Esta última, deve estar claramente explicitada no material didático, em contextos claros de informalidade para que os aprendizes compreendam a diferença dos contextos de uso. Assim sendo, revistas em quadrinhos e outros textos mais próximos da oralidade podem contribuir para apresentar esse aspecto mais informal.

A quarta orientação é uma revisão da parte estética, visto que os problemas de formatação podem servir como *input* negativo para aprendizagem da LP, uma vez que esse aprendizado ocorre basicamente por meio da língua escrita.

Por fim, o elaborador de materiais didáticos deve ter em mente que haverá a possibilidade de alterar o projeto a qualquer momento, especialmente após a sua aplicação e a percepção de que são necessários determinados ajustes. Por isso, o projeto do material didático precisa ser flexível, uma vez que não há um material ideal em sua totalidade.

Considerações finais

Os sete passos aqui propostos visam orientar os professores de língua portuguesa para surdos na construção de materiais em uma perspectiva bilíngue, com a presença da Libras como L1 e do português escrito como L2. Salientamos que, nesse processo de construção desses materiais, houve a necessidade de alertar a respeito dos onze problemas identificados nas propostas que estavam sendo desenvolvidas pelos participantes do projeto a fim de adequá-los ao público-alvo. Também sugerimos mais quatro orientações, as quais envolvem aspectos relacionados ao contexto linguístico e cultural dos surdos.

Essas diretrizes contribuíram para a elaboração eficaz das oito propostas de unidades didáticas dos estudantes de graduação da FL/UFG, as quais contemplaram as reflexões relacionadas à educação bilíngue. O próximo passo é aplicar essas propostas nas escolas de educação básica.

Assim, esperamos ter podido contribuir para a melhoria da qualidade da educação bilíngue oferecida aos surdos no contexto escolar em termos do conhecimento das etapas de elaboração de sequências didáticas de português como L2. A reflexão sobre esse processo ainda na formação inicial de professores da área de Letras favorecerá sobretudo as práticas de ensino que considerem as especificidades linguísticas e culturais dessa minoria linguística usuária de uma língua visuoespacial como L1, a Língua de Sinais Brasileira.

Referências bibliográficas

Brasil. Decreto nº 5.626, de 22 de dezembro de 2005. Regulamenta a Lei nº 10.436, de 24 de abril de 2002, que dispõe sobre a Língua Brasileira de Sinais - Libras, e o art. 18 da Lei no 10.098, de 19 de dezembro de 2000. *Diário Oficial [da] União*, Brasília, DF, 23 dez. 2005.

Brochado, Sônia Maria Dechandt. *A apropriação da escrita por crianças surdas usuárias da língua de sinais brasileira.* Tese de Doutorado. Universidade Estadual Júlio de Mesquita Filho, UNESP, São Paulo, 2003.

Ellis, Rod. *The Study of Second Language Acquisition.* Oxford University Press, 1994.

Fernandes, Sueli. É possível ser surdo em português? Língua de sinais e escrita: em busca de uma aproximação. *In:* Skliar, Carlos. (Org.) *Atualidades na educação bilíngue para surdos.* Porto Alegre: Mediação, 1999. p. 59-81. v.2.

Grannier, Daniele Marcelle. O onde e o como da sistematização gramatical no ensino de português como língua estrangeira. *In: Contribuições para a Didáctica do Português Língua Estrangeira.* Frankfurt, Alemanha, v. 1. 2003. p. 156-171.

_____. A jornada linguística do surdo da creche à universidade. *In:* Kleiman, Ângela e Cavalcanti, Marilda (orgs.). *Linguística Aplicada:* suas faces e interfaces. Mercado de Letras, 2007. p. 199 – 216.

Grannier, Daniele Marcelle Silva e Silva, Regina Maria Furquim Freire. *A seleção de textos para o ensino de português-por-escrito a surdos em diferentes níveis de aprendizagem. Comunicação.* X Congresso Internacional de

Humanidades. Brasília: Universidade de Brasília, 2007.

Grannier, Daniele Marcelle Silva e Silva, Regina Maria Furquim Freire. A seleção de textos para o ensino de português-por-escrito a surdos em diferentes níveis de aprendizagem. In: *Revista Intercâmbio dos Congressos de Humanidades.* v. 3. Brasília: Universidade de Brasília, 2009. p. 1-8.

Krashen, Stephen. *Principles and Practice in Second Language Acquisition.* University of Southern California, 1982.

Lobato, Lucia. *Linguística e ensino de línguas.* Brasília: Editora UnB, 2015 [2003].

Perlin, Gládis Teresinha Taschetto. Identidades Surdas. In: Skliar, Carlos. (Org.) *A Surdez:* um olhar sobre as diferenças. Porto Alegre: Mediação, 2005. p. 51-73.

Quadros, Ronice Müller. *Educação de surdos:* a aquisição da linguagem. Porto Alegre: Artmed, 1997.

Quadros, Ronice Müller e Schmiedt, Magali L. P. *Idéias para ensinar português para alunos surdos.* Brasília: MEC, SEESP, 2006.

Sacks, Oliver. Vendo vozes: uma viagem ao mundo dos surdos. Tradução: Mota, Laura Teixeira. São Paulo: Companhia das Letras, 1998.

Salles, Heloisa Maria Moreira Lima et al. *Ensino de língua portuguesa para surdos:* caminhos para a prática pedagógica. MEC/SEESP, 2004.

Salles, Heloisa Maria Moreira Lima e Naves, Rozana Reigota. Estudos gerativos: fundamentos teóricos e de aquisição de L1 e L2. In: Heloisa Maria Moreira Lima Salles e Rozana Reigota (Org.). *Estudos gerativos de língua de sinais brasileira e de aquisição de português (L2) por surdos.* Goiânia: Cânone Editorial, 2010.

Santos, Layane Rodrigues de Lima. Abordagens, métodos e técnicas de ensino do português como segunda língua em escolas públicas do estado de goiás. In: Luis Gonçalves (org.). *Português como língua estrangeira, de herança e materna:* abordagens, contextos e práticas. Roosevelt, New Jersey: Boavista Press, 2016. p.231-242.

Silva, Regina Maria Furquim Freire e Grannier, Daniele Marcelle. Um projeto de material didático flexível para o ensino de português a surdos. In: *Anais do VIII Congresso Internacional de Humanidades.* Brasília: Universidade de Brasília, 2005. CD-ROM.

Strobel, Karin. *As imagens do outro sobre a cultura surda.* Florianópolis: Ed. da UFSC, 2008.

3.3 AS FORMAS DE TRATAMENTO DO PORTUGUÊS EUROPEU: UMA QUESTÃO DE IDENTIDADE CULTURAL E A COMPLEXIDADE DE TRADUÇÃO

Paula Isabel Querido
Universidade de Vigo

Resumo: As formas de tratamento, fundamentais nas situações comunicativas, são um fenómeno comum à generalidade das línguas. A complexidade do sistema das formas de tratamento no português europeu reflete uma íntima relação entre a sua complexa estratificação e a persistência, em Portugal, de um modo muito próprio de conceber a sociedade.

Palavras-chave: formas de tratamento, cortesia, descortesia, português europeu, tradução

Introdução

Se a cortesia e, reciprocamente, a sua falta espiam permanentemente as práticas discursivo-textuais de quem fala ou escreve, isto é, de quem realiza atos de comunicação *in præsentia* ou *in absentia*, as *formas de tratamento*, corteses e descorteses, são as marcas mais evidentes dessa vigilância.

As formas de tratamento *corteses* são meios linguísticos que os colocutores empregam para estabelecer uma plataforma de relacionamento interpessoal capaz de, à partida, assegurar o bom andamento duma interação verbal.

Consideradas como parte assaz importante no quotidiano das pessoas, as *formas de tratamento,* importantes nas situações comunicativas, são um fenómeno comum à generalidade das línguas, continuando, tanto na perspetiva semântica como na cultural, a despertar o interesse dos especialistas: para uns, são a *chave dourada* para abrir as portas da comunicação; para outros, o *lubrificante* que ajuda a comunicação a ter sucesso. Tema controverso. Como diz Lindley Cintra,

> É bem conhecida a estranheza que causa ao falante de outra língua moderna europeia a complexidade do sistema das *formas de tratamento* em português – isto é, das formas que, em Portugal, um interlocutor usa para se dirigir a outro interlocutor, a primeira pessoa do discurso (para empregar termos gramaticais), à segunda pessoa do mesmo discurso. (Cintra, 1986, p. 9)

Antes de mais, convém esclarecer que as *formas de tratamento* em português, que tanto confundem os estrangeiros, parecem refletir, ou refletem mesmo, uma íntima relação entre a sua complexa estratificação e a persistência em Portugal de um modo muito próprio de conceber a sociedade: uma organização social no plano institucional (família, sistema jurídico, educacional, etc.) e uma a estratificação social (idade, classe, género, profissão, etc.), e, o que não é despiciendo, o grau de familiaridade existente nos interlocutores. Acompanham, ainda, a mudança social ao nível das relações interpessoais, referindo-se nelas o nível de formalidade das situações comunicativas.

No processo comunicativo, a cortesia basilar para tratar os outros adequadamente não exprime só a vontade de atrair a atenção de alguém; manifesta sim, de igual modo, a expetativa do falante ante a relação tentada com o interlocutor. Temos, assim, que o sistema português das *formas de tratamento*, sobretudo se tivermos em conta a escala riquíssima de capacidades ofertadas por este terceiro plano, o da *cortesia*, parece ligar-se a uma sociedade arreigadamente hierarquizada; e, por outro, a um certo comprazimento, a um certo gosto na própria hierarquização e na matização estatística ou, talvez, a uma dificuldade inconsciente, ou subconsciente, em aceitar uma maior nivelação conseguida através de um processo semelhante, ou pelo menos paralelo, ao que, no Brasil, conduziu ao aparecimento e fixação de um sistema dual, face à expansão do *você* pelo terreno da intimidade, com prejuízo do *tu*, hoje moribundo e quase reduzido às formas oblíquas, *te* e *ti* (No Brasil, o sistema está efetivamente reduzido, na língua falada dos cultos e semicultos das grandes cidades, a uma oposição de dois membros: *você* / *o senhor*).

Vinque-se, porém e desde já, que o sistema das *formas de tratamento* do português europeu contemporâneo é considerado como um ponto fulcral e difícil no ensino-aprendizagem da língua portuguesa. Isabel Margarida Duarte destaca:

As formas de tratamento são, em português, um item de reconhecida dificuldade, não só no que concerne à sua tradução para outras línguas, mas também no que diz respeito ao ensino da língua, quer enquanto língua estrangeira quer enquanto língua materna. (Duarte, 2010, p. 133):

Saber falar não é só conseguir articular palavras de uma língua, mãe ou estrangeira, mas sim expressar correta e explicitamente a sua ideia de acordo com as normas linguísticas aplicáveis e a maneira de ser alheias.

Com a publicação, em 1960, do artigo intitulado *The pronouns of power and solidarity (Os pronomes de Poder e de Solidariedade)*, Roger Brown e Albert Gilman deram início ao estudo estruturado das *formas de tratamento*. Através do estudo de várias línguas ocidentais (inglês, francês, italiano, espanhol, alemão, etc.), africanas e indianas, os dois sociolinguistas cruzam um par de conceitos – as dimensões do poder e da solidariedade – muito produtivos para a análise das formas de tratamento em qualquer língua, fazendo ainda considerações sobre a conservação de duas formas da segunda pessoa do singular dos pronomes, a pessoa para quem se fala.

O livro *Sobre "Formas de Tratamento na Língua Portuguesa"*, escrito por Cintra em 1972, e reeditado em 1986, é a primeira obra que sistematiza as *formas de tratamento* do português, e, mais de quarenta anos depois da sua primeira publicação, continua a ser a grande obra de referência neste campo de estudo. Na primeira parte da obra – *Origens do sistema de formas de tratamento do português atual* – mostra o autor a evolução diacrónica do sistema das formas de tratamento do português sob uma perspetiva sociocultural, tripartindo-o:

> Restrito assim o campo de observação ao sistema de formas-sujeito atualmente utilizadas no português a que podemos chamar corrente ou comum, teremos um conjunto em que, como para a maioria das línguas, é necessário distinguir: tratamentos pronominais, nominais e verbais. (Cintra, 1986, p. 12)

De realçar que o sistema das formas no português europeu não é binário, antes oferece uma vasta gama de possibilidades de tratamento. Além das formas pronominais *tu* e *você*[1] e do sujeito nulo, existe um elevado número de substantivos e grupos nominais que são usados como pronomes nos tratamentos diretos (Rodrigues, 2003, 298).

Reconhecendo a sua relevância, muitos linguistas estrangeiros dedicaram, também, a sua atenção a este assunto. Encontra-se, por exemplo, uma abordagem particular da forma *você* na dissertação de doutoramento do estudioso alemão Gunter Hammermûller (Gyulai, 2011, p. 31) bem como num trabalho da linguista francesa, M. H. Carreira, que, debruçando-se sobre o sistema das formas de tratamento no português europeu, apresenta no seu trabalho um esquema de delimitação sob o ponto de vista semântico-pragmático, articulando o eixo horizontal, que representa a hierarquização socioprofissional, com o eixo vertical, referente ao grau de intimidade.

Neste contexto, ou confronto de situações, a questão parece ganhar, ou ganha, em ser estudada consoante, ou tendo em conta, os princípios reguladores da interação discursiva, tal como os entende a Pragmática Linguística. Nas *formas de tratamento* cruzam-se questões linguísticas e não linguísticas, o *princípio de cortesia*, a adequação ao destinatário, a necessidade de não ameaçar a sua face. O locutor tem de ter em conta, ao dirigir-se ao alocutário, as diferenças sociogeracionais, a proximidade ou a distância da relação, a etiqueta, isto é, o conjunto dos atos e funções socio-comunicativos de uma dada ocorrência interacional. Por regrarem relações intersubjetivas, as *formas de tratamento* permitem entender a subjetividade enunciativa, valorizando-se através delas, positiva ou negativamente, o alocutário, ou até dos interlocutores: em boa verdade, o respeito pelas convenções sociais, os sentimentos em relação àquele com quem se fala e o lugar que se lhe atribui são [quase] sempre atravessados pela atitude subjetiva do locutor.

Vive-se num século em que as palavras "desenvolvimento" e "globalização" ganham cada vez mais força, fazendo já parte do léxico das preocupações do dia-a-dia em todo o mundo. A globalização é o conceito

---

[1] Discordamos da classificação de *você* como pronome pessoal, pois dada a sua formação (*vostra mercede* (latim), Vossa Mercê, vossemecê, vosmecê, você) entendemos que deve ser classificado como nome (substantivo formado por aglutinação). Quando muito, poder-se-lhe-á chamar *pronome de tratamento*, nunca pronome pessoal.

que mais amiúde se nomeia para caraterizar a atualidade. Como Giddens referiu, "O mundo tornou-se, em importantes aspetos, um único sistema social, marcado por laços crescentes de interdependência que afetam virtualmente toda a gente." (Giddens, 1989, p. 132).

Entenda-se: a globalização não só afeta todos os campos da vida social, política, tecnológica e cultural, como também muda a nossa maneira de viver, com uma das mudanças mais profundas a acontecer na comunicação; daí que a necessidade interativa, frequente entre povos e comunidades linguísticas, tenha chamado a atenção dos povos para a importância do ensino-aprendizagem das línguas estrangeiras, carreando, por isso e em mudança, uma alteração do conceito do ensino tradicional e um reforço do papel da comunicação. Chegou-se à conclusão de que, hodiernamente, não é suficiente conhecer uma nova língua apenas como um sistema linguístico, mas sim encará-la como uma ferramenta da comunicação. Neste contexto, a pragmática e as competências comunicativas ganharam terreno, firmando-se ponto fulcral, ou epicentro, do ensino-aprendizagem da língua estrangeira / língua segunda (PLE/PL2).

A importância da competência comunicativa, isto é, a habilidade de se usar um determinado sistema linguístico de forma apropriada em todas as situações da vida quotidiana, considerando as funções e variedades da linguagem, bem como as situações socioculturais em que se estabelecem, ficou reconhecida entre os linguistas teóricos. O próprio *Quadro Europeu Comum de Referência para as Línguas* (QECRL) dá muita importância à aquisição das mesmas competências comunicativas numa língua estrangeira.

São muitas e variadas as formas pertencentes às diversas categorias linguísticas a que os interlocutores de língua portuguesa podem recorrer no uso de práticas discursivo-textuais para a construção de efeitos de maior ou menor cortesia, ou, de igual modo, descortesia. Algumas destas formas acham-se já gramaticalizadas e lexicalizadas, enquanto outras são construções novas, mais ou menos originais, consoante os contextos de interação verbal. Deste modo, a cortesia e a descortesia verbais não se confinam a um mero conjunto de formas mais ou menos fixas e convencionais, mas também e principalmente a todo um agrupado complexo de processos, situados, conforme explica Carreira, ao nível da *língua* e do *discurso*. Ao nível da língua, estão, segundo a autora, as formas corteses convencionais, sejam as formas de tratamento, as regras, ou fórmulas, de saudação ou cumprimento, de agradecimento, de felicitação e de desculpa, as formas utilizadas com mais frequência pelos interlocutores, na generalidade formas estereotipadas, rotineiras, ritualizadas, convencionais, lexicalizadas e gramaticalizadas; e, ao nível do discurso, por apresentarem construções morfossintáticas e sobretudo semântico-pragmáticas mais complexas, incluindo realizações originais, comumente designadas por formas, estão os tratamentos linguísticos mais ou menos complexos, como os processos de modalização e de direção ilocutória, mais ou menos manifestos, e estratégias, mais ou menos explícitas de cortesia, ao longo duma interlocução, como seja a distribuição de encorajamentos, elogios, expressão de acordo ou desacordo, e outros (Carreira, 1995, 28).

Nem sempre é fácil estabelecer onde começa a cortesia e acaba a descortesia, ou onde começa a descortesia e acaba a cortesia: só o co(n)texto, no sentido dinâmico e dialético que se lhe atribui, poderá ajudar a aquilatar a produção e a receção de atos corteses e descorteses. Ao invés do que se verifica noutros países, as fórmulas e formas verbais de descortesia em português ainda não foram suficientemente estudadas nas suas diversas dimensões linguísticas e discursivo-textuais; salvam-se o calão e a gíria – certos casos, podem até não ser descortesias verbais – que têm merecido alguns estudos (Praça, 2001, ou em Kröll, 1984), bem como alguns dicionários que procuram fazer o registo dos respetivos termos e locuções. Merecem, todavia, referência especial os estudos de Kröll sobre os disfemismos, termo que opõe a eufemismos. Considera este linguista alemão, lusófilo, que

O sentimento da polidez, da civilidade, do decoro, do respeito é uma das causas principais do eufemismo. A vida exige a cada momento que respeitemos os outros e obriga-nos a recorrer a meios de expressão que a língua põe à nossa disposição para podermos encobrir a verdade, amenizando-a por amabilidade ou por deferência. (Kröll, 1984, p. 29)

Deste modo, pode afirmar-se que a cortesia e a descortesia verbais são o verso e reverso duma mesma medalha, seja, o estabelecimento dum determinado tipo de relações interpessoais, mais ou menos harmoniosas ou agonais, num dado co(n)texto de interação ou comunicação, com efeito mais ou menos prolongado.

Nas gramáticas de Língua Portuguesa, mesmo nas mais modernas, verifica-se que os autores não dedicam qualquer capítulo ou secção específica às formas e fórmulas de cortesia e, obviamente, às de descortesia. Não obstante, os tratamentos (corteses) merecem algum destaque, ainda que como alínea, ou subalínea, no capítulo dos pronomes. Encontram-se, também, disseminadas, breves referências aos valores semântico-pragmáticos de cortesia, aquando da descrição de outras categorias gramaticais, com especial destaque para os tempos e modos verbais.

Gonçalo Fernandes ensina que, na cortesia linguística em português europeu, são muitas as construções e os usos linguísticos motivados pela cortesia linguística. E explicita:

a) As construções *pré-sequências conversacionais* – ou expressões de cumprimento – (Bom dia! / Muito bom dia! Como está? / A família? / Está tudo bem? / Como estão todos?; Viva! / Ora viva!; Então, tudo bem? / Tudo bem?);

b) Os *sinais* / *marcadores de alternância de vez* (como "pois", "é verdade", exato", "claro", "ora bem", "pronto", "aí está", etc.), sinais inarticulados ("mm", "mm mm", repetições das últimas palavras do locutor), ou ainda acabamento da última frase do falante de modo a comprovar atenção ao conteúdo proposicional discursivo do locutor numa qualquer situação;

c) Os *eufemismos* ("O tio Filipe *deixou-nos* ontem." / "O tio Filipe morreu ontem.");

d) Os *diminutivos*, num pedido (Vou pedir-te um favorzinho! É só uma ajudinha! Só um jeitinho...!; A continha, se faz favor), numa ordem (Depressinha!), ou num conselho (Juizinho nessa cabeça!); são sinal de modéstia (Trago-lhe aqui um presentinho; É só uma lembrançazinha) e de simpatia ou empatia com o alocutário (Então, está boazinha? Chauzinho!; Adeusinho!; Até loguinho!);

e) Apesar de a delicadeza se poder encontrar em todos os *tempos verbais*, existem três especialmente ligados à cortesia linguística: o pretérito imperfeito do indicativo, o condicional – também apelidado futuro do pretérito – e o imperativo.

f) Atente-se, no entanto, que em Português europeu é ainda possível transmitir a cortesia com outros verbos modais, como "desejar" e "dever", e ainda verbos variados como "gostar", "trazer" e "vir";

g) O *imperativo* pode traduzir uma ordem, um aconselhamento ou um pedido, quando acompanhado por formas derivadas da locução adverbial com função de adjunto "por favor" ou da oração adverbial condicional "se faz favor" - "se fazia favor"; "se fizer favor"; "se fizesse favor"; "fazia favor"... - (*Faz-me um favor* e *retira-te* imediatamente da sala. *Afastem-se, por favor*!).

Em Português europeu, não é necessariamente verdade que a ordem seja sempre pouco ou nada cortês, pois podem variar dentro de uma escala de delicadeza (delicado / indelicado), aplicando o locutor, não raras vezes, o princípio da delicadeza na sua forma negativa, minimizante da indelicadeza dos atos indelicados. Assim, ao aplicar, à ordem, o princípio da delicadeza, o locutor tenta atenuar esses aspetos negativos, nomeadamente o aspeto coercivo que acompanha sempre a ordem (Casanova, 1989, p. 102). Se, por exemplo, o anfitrião disser ao convidado as frases "Toma outro café!" trata-se de uma ordem cortês e, contudo, é utilizado o imperativo sem o adjunto adverbial "por favor".

Assim sendo, independentemente do tempo verbal e do ato de fala utilizados pelo locutor, a cortesia fica subordinada ao contexto e à relação social entre os interlocutores.

Uma das características que distingue a língua portuguesa de outras – o francês, por exemplo – é o pouco uso do pronome pessoal nas chamadas formas de sujeito (*eu, tu, ele, ela, nós, vós, eles, elas*), pois as determinações verbais são suficientemente claras para dispensarem a menção explícita da pessoa

(Lapa, 1984, p.152). Todavia, não é indiferente dizer-se, ou escrever-se, "Como torradas ao pequeno-almoço" ou "Eu como torradas ao pequeno-almoço". E o mesmo sucederá com outros tempos verbais e pessoas. O uso explícito do pronome apela mais à atenção para com a pessoa, enfatiza-a: um indivíduo que se tenha por importante empregará com muita frequência o *eu*, o *eu – ego* em latim – que enforma, por exemplo, o *egoísmo* ou o *egocentrismo*.

"Como o tratamento do *eu* inculca importância pessoal, por vezes vaidade e orgulho" (Lapa, 1984, p. 152) a língua, segundo Rodrigues Lapa, descobriu como dar satisfação aos que pretendem aquietar-se na modéstia e na humildade, "fornecendo-lhes o tratamento de *nós*, isto é, empregando a 1.ª pessoa do plural em vez da 1.ª do singular." (Lapa, 1984, p.152). E explica:

A esse respeito, é curioso observar o que se passou com os documentos da chancelaria dos antigos reis portugueses. Quando os soberanos tinham o bom costume de ouvir os povos, convocando cortes, especialmente durante o período que vai de D. João I até D. Afonso V, usavam nos documentos um estilo de modéstia: *Nós, el-rei, fazemos saber...* [...] Com D. João III aparece o absolutismo real. O monarca não dá satisfação dos seus actos, porque supõe-se enviado de Deus na terra. Tudo lhe deve obediência. Esta nova concepção do orgulho da realeza já não podia suportar a fórmula antiga do *nós*. A provisão de 16 de Junho de 1524 mandou mudar a 1.ª pessoa do plural para a 1.ª pessoa do singular. Passou a escrever-se – *Eu, el-rei, faço saber...* (Lapa, 1984, p.152).

Na verdade, aquilo a que Rodrigues Lapa e outros autores chamam o plural de modéstia, isto é, a substituição do eu por nós na primeira pessoa do singular, é muito frequente na língua portuguesa: o professor, o orador, o escritor que pretendem afastar a ideia de que pretendem impor a sua opinião aos outros, fundem-se, gramaticalmente, por seu intermédio, com os seus ouvintes ou leitores, exprimindo-se como se servissem de porta-voz a um pensamento coletivo.

Um pronome perdido: 'vós': Pelo menos na oralidade, na linguagem do dia-a-dia, hodiernamente já quase não existe o pronome vós; encontramo-lo, ainda assim, nas regiões do interior português, principalmente do Norte e Beiras. Se por estas regiões ainda se escuta um "Vós não tendes juízo, rapazes", noutras regiões do país, principalmente para sul, este dizer soa a arcaísmo, tendo sido substituído por "Vocês não têm juízo, rapazes". Pode assim dizer-se que, em português, a segunda pessoa do plural está praticamente perdida, tendo sido substituída pela terceira também do plural.

Como escreveu Rodrigues Lapa, "O que importa relevar é o desaparecimento do pronome *vós* e a sua substituição por formas da 3.ª pessoa. Sendo assim, é conveniente não misturar as formas pronominais do singular com o verbo no plural, como fazem certos principiantes." (Lapa, 1984, 156)

Com maior ou menor desenvolvimento, segundo perspetivas de análise diversas (lexicais, morfossintáticas, semânticas, semântico-pragmáticas, conversacionais, linguística contrastiva, linguística aplicada...), outros estudos, ultimamente, têm vindo a referir-se a alguns dos fenómenos que, explícita ou implicitamente, se integram no âmbito da cortesia linguística. Alguns desses estudos serão tidos em consideração sempre que tratarmos pontos com os quais estejam diretamente relacionados com matérias em análise. Por ora, e sobre a cortesia em português, cremos ter mencionado o que de mais relevante havia e haverá a dizer-se.

Referências bibliográficas

Brown, Roger; Gilman, Albert. *The pronouns of power and solidarity.* Oxford: Blackwell, 2003.

Carreira, Mª Helena Araújo. *A delicadeza em português: para o estudo das suas manifestações linguísticas.* Lisboa: Universidade Aberta, 1995.

Casanova, Isabel. *Atos Ilocutórios Diretivos: A Força do Poder ou O Poder da Persuasão.* Lisboa: Universidade de Lisboa, 1989.

Cintra, L.P.L. *Sobre "Formas de Tratamento" na Língua Portuguesa.* Lisboa: Livros Horizonte, 1986.

Duarte, Isabel Margarida. *Formas de tratamento: item gramatical no ensino do Português Língua Materna.* In: Brito, Ana Maria. *História, Teoria, Aplicações.* Porto: Centro de Linguística da Universidade do Porto, 2010.

Fernandes, Gonçalo. *O princípio da cortesia em português europeu.* In *Actes du XXVe Congrès International de Linguistique et de Philologie Romanes.* Berlim, Nova Iorque: De Gruyter, 2010.

Gyulai, Éva Viktória. *Abordagem das Formas de Tratamento nas Aulas de Português Língua Segunda/Língua Estrangeira.* Porto: Faculdade de Letras da Universidade do Porto, 2011.

Lapa, M. Rodrigues. *Estilística da Língua Portuguesa.* Coimbra: Coimbra Editora, 1984.

Rodrigues, D.F. *Cortesia Linguística.* Lisboa: Faculdade de Ciências Sociais e Humanas da Universidade Nova de Lisboa, 2003.

3.4 ENTRE LETRAMENTO E LETRAMENTOS: UMA EXPERIÊNCIA DE APRENDIZAGEM DE LÍNGUA PORTUGUESA NO PROGRAMA DE EDUCAÇÃO DE JOVENS E ADULTOS

Hélvio Frank de Oliveira
Universidade Estadual de Goiás

Resumo: Considerando-se que o trabalho transdisciplinar nas escolas é uma das propostas contidas em diretrizes legais da Educação no Brasil, a fim de contribuir com a aprendizagem dos alunos, neste texto problematizamos letramentos sociais vivenciados em uma turma do Programa de Educação de Jovens e Adultos de uma escola pública do interior de Goiás. Para isso, foi realizada uma pesquisa qualitativa caracterizada pelo método da etnografia, conduzida com doze alunos e a professora de Língua Portuguesa de uma turma do 8º ano do ensino fundamental. Os instrumentos utilizados para a geração do material empírico foram observação de oito aulas com registros de notas de campo, questionário e entrevista semiestruturada gravada em áudio com dois alunos participantes. Os resultados indicam que as práticas sociais vivenciadas pelos alunos fora da escola raramente são reconhecidas em sala de aula. O que mais se observou em aulas de língua portuguesa foi o controle docente sobre o uso exclusivo da variedade culta da língua portuguesa em ambientes escolares.

Palavras-chave: letramentos sociais; EJA; língua portuguesa; adultos.

Introdução

Durante vários anos o ensino da escrita e da leitura em salas de aula tem ido de encontro com os avanços e transformações, e das múltiplas formas de escritas que o educando já utiliza diariamente em seu cotidiano. Conforme destaca Rojo (2009), os professores precisam colocar os alunos em contato com os letramentos valorizados, universais e institucionais, sem rejeitar ou apagar os letramentos das culturas locais de seus agentes. É importante e necessário que o docente busque uma melhor forma de abordar a cultura desse jovem na sala de aula, pois seria a maneira mais eficaz de construir pontes entre o que a escola/o professor deseja e o que o aluno espera.

Vale ressaltar que abordar a cultura desse aluno em sala de aula vai fazer com que ele se sinta valorizado e, consequentemente, mais interessado pela aula, pela disciplina e até pela escola. Isso trará bons resultados também para que esse educando permaneça na escola, visto que, como é de conhecimento de todos, na Educação de Jovens e Adultos (doravante EJA), a dificuldade maior não é trazer o aluno para a escola, e sim fazer com que ele permaneça nela. No entanto, segundo Kramer (2010), em muitos casos, professores e alunos não têm clareza sobre certas atividades que realizam em sala de aula.

Assim, existem duas opções: podem ficar repetindo coisas sem sentido, por anos a fio, ou compreender que as práticas escolares podem ser dinâmicas, críticas e criativas.

Não intencionamos, com este estudo, descrever minuciosamente as práticas escolares. Pretendemos, grosso modo, que os professores façam de sua prática um objeto de reflexão, para que possam refletir sobre o que é feito em sala de aula, a partir da voz do alunado, e se necessário for, modificar sua práxis em relação ao uso dos letramentos, para ajustar a profissão docente às modificações sociais e à pluralidade cultural.

Diante dessas constatações, este trabalho busca analisar e problematizar os letramentos, ou seja, os vários modos como as experiências e práticas letradas acontecem especificamente em aulas de Língua Portuguesa no contexto de EJA. Para tal, orientamo-nos na perspectiva crítica de letramento (Street "Letramentos") e dos (multi)letramentos (Rojo, 2009), especificamente voltados ao contexto de EJA (Pierro et al.) e relacionados à aprendizagem de Língua Portuguesa (doravante LP). Nas próximas seções, apresentamos novos conceitos para o termo letramentos, descrevemos o contexto de EJA. Em seguida, explicitamos a metodologia adotada no estudo e, por fim, passamos à análise dos dados.

Letramento(s)

Contemporaneamente muito se tem discutido temas relacionados a práticas de letramento(s). Soares (2009) em seu livro "Letramento: um tema em três gêneros", traça o percurso dos estudos sobre o tema e expõe que a diferença entre estar alfabetizado e/ou letrado está na dimensão e na qualidade do domínio da leitura e da escrita. Assim, para a autora, uma pessoa alfabetizada é aquela que compreende o código alfabético, ou seja, sabe ler e escrever palavras e/ou textos simples, mas não necessariamente é capaz de utilizar a leitura e a escrita socialmente. Para ser considerado letrado, o indivíduo precisa ser capaz de utilizar a leitura e a escrita em suas práticas sociais. Ressalta ainda que, para ser considerado letrado, o sujeito não tem obrigatoriamente que ser alfabetizado, visto que ele pode responder bem às demandas sociais que envolvem leitura e escrita, participar de eventos de letramento, como ler rótulos de produtos no supermercado, ler placas de trânsito, manusear objetos digitais etc., sem, no entanto, ter sido alfabetizado.

Street (2014) traz para a discussão do letramento o caráter múltiplo e social das práticas letradas. Por essa razão, opõe-se à definição de um letramento "único" e "neutro", no singular. Assim, se o sujeito visita sua página virtual ou procura em jornais alguma notícia que lhe interessa, utiliza saberes bancários para fazer compras, tem noção do tempo e do solo para o cultivo, entre outras ações, certamente ele está inserido em práticas letradas. Diante disso, o mencionado autor sugere que, se existem múltiplos letramentos praticados na comunidade, como em casa, no trabalho, no lazer etc., as práticas pedagógicas escolares não podem tratar a linguagem usada nesse contexto como se fosse algo externo aos alunos.

Convém destacar que os termos *multiletramentos* e *letramentos (múltiplos)* se diferenciam. Sendo que o primeiro, segundo Rojo e Moura (2012), aponta para dois tipos característicos e relevantes de variedade presente na sociedade contemporânea, sobretudo urbanas: a multiplicidade de culturas dos povos e a multiplicidade semiótica que envolve os textos com que a sociedade se informa e se comunica atualmente. Já o segundo, sobre o qual tratamos com mais afinco neste artigo, refere-se à multiplicidade de práticas letradas existentes, valorizadas ou não na coletividade em geral.

Consequentemente, o espaço escolar, na pessoa do educador, indispensavelmente tem que olhar para as atividades que o alunado faz dentro e fora da instituição educadora com a finalidade de ampliar e melhorar a utilização da linguagem através dos textos orais e escritos que permeiam o cotidiano dos alunos. A esse respeito, Rojo (2009, p. 106) enfatiza que "muitos dos letramentos que são influentes e valorizados na vida cotidiana das pessoas e que têm dupla circulação são também ignorados e desvalorizados pelas instituições educacionais". Argumenta também que os jovens alunos se comunicam diariamente fazendo uso do "internetês" e que essa modalidade discursiva (prática letrada social) é, muitas vezes, desvalorizada pela escola, quando deveria, de fato, ser incluída nas discussões pedagógicas. Aliás, será que essa e outras modalidades discursivas, a que os jovens e adultos pesquisados têm acesso fora do contexto escolar, são aproveitadas na prática pedagógica em sala de aula?

Contextualizando as práticas

A pesquisa foi realizada com os alunos e a professora de Língua Portuguesa do 8° ano do ensino fundamental de uma turma de EJA. Optamos por esse cenário uma vez que, no senso comum, tem-se arraigada a ideia pejorativa em relação às práticas de leitura e escrita realizadas em determinado contexto. Geralmente parte da concepção de que, por se tratar de um ensino realizado em um tempo menor em relação ao ensino regular, não consegue abarcar todo o "conteúdo" de linguagem que precisaria ser estudado para a série/ano em questão. Em relação ao percurso metodológico docente adotado na sala de aula, no contexto de EJA, torna-se necessário que o educador repense as formas de ensinar, diferindo-as do modo tradicional/convencional do ensino "regular", em virtude de os sujeitos da ação educativas serem distintos.

Nessa direção, Pierro et al. (2001) sinalizam que, ao adotar concepções mais restritivas sobre a ação educativa no tocante à EJA, pode ser que esse processo seja compreendido como

marginal ou secundário, sem maior interesse do ponto de vista da formulação política e da reflexão pedagógica. No entanto, a EJA deve ser apontada como "parte integrante da história da educação em nosso país, como uma das arenas importantes onde vêm se empreendendo esforços para a democratização do acesso ao conhecimento. (Pierro et al., 2001, p. 58)

No mundo contemporâneo os jovens navegam na internet com singular disposição, integram-se a redes com outros internautas que possuem interesses em comum, trocam informações, fazem comentários, compartilham o que gostam, entre outras infinidades de atividades e interações que a "sociedade da informação" lhes permite. O mesmo acontece com os sujeitos da pesquisa, muitos dos quais, por se tratarem de jovens e adultos, estão diariamente em contato com os letramentos digitais, como o uso do computador, caixa eletrônico, celular etc., em casa e no trabalho.

Em geral, essas ações acontecem frequentemente no contexto extraclasse de EJA. Mas será que o professor (especificamente o de LP) se apropria e/ou faz uso desses mecanismos para contribuir e enriquecer suas aulas? Será que o professor leva em consideração o que o educando vivencia fora da escola no momento de planejar suas sequências didáticas? A esse respeito, Kleiman (2005, p. 33) diz que

[a]s práticas escolares presumem a existência de um sujeito independente do tempo e do espaço – sempre o mesmo, seja ele o primeiro indivíduo a aprender a ler e a escrever na sua família e no seu bairro, ou filho de uma família de escritores e intelectuais com educação superior, ou ainda uma criança nascida em uma comunidade indígena que foi ágrafa até recentemente. Entretanto, isso muda quando o trabalho didático é organizado levando em conta os textos que circulam entre os diversos grupos sociais, no dia-a-dia. Consequentemente, diferenças e características da situação começam a 'penetrar' nas aulas visando ao ensino da escrita, com dever ser de feito. (Kleiman, 2005, p. 33)

Não obstante a escola privilegie com âmago a linguagem verbal no tocante ao letramento, não faz sentido que textos multimodais, isto é, aqueles que compreendem duas ou mais modalidades de linguagem: verbal e não-verbal, fiquem expostos de forma secundária. Porque os alunos já os conhecem e usam em seus contextos extraclasse. Ao contrário disso, seria por demasiado produtivo que os docentes se apropriassem dessas modalidades de linguagem, para ensinar os alunos a interpretar a imagens e elementos extralinguísticos.

Cabe mencionar ainda que os sujeitos da intervenção educativa não podem ser considerados como privados/vazios de conhecimentos, uma vez que possuem uma bagagem de conhecimentos adquiridos ao longo de sua história de vida, de suas experiências. Toda a heterogeneidade de experiências de vida que o alunado traz consigo não pode ser ignorada pelo educador.

Souza (2012, p. 62), complementando o que foi mencionado acima, ao se referir ao letramento escolar, salienta que "se a aprendizagem escolar apresenta dissonância com a vida não escolar, o aluno pode tornar-se um 'analfabeto funcional', ou seja, foi alfabetizado, porém não está preparado para se envolver com as práticas sociais de leitura e escrita"; foi alfabetizado, mas não consegue ler e interpretar os diversos textos a sua volta.

Em direção à compreensão da multiplicidade das práticas de letramento contemporâneas, afiliamo-nos à concepção de Street, denominada "Novos Estudos de Letramento". O referido autor aponta que, dentro dessa abordagem, a linguagem compreende um vasto sistema semiótico, no qual estão aglomerados os signos, as imagens, os símbolos, os sons e as palavras. Assim, para que uma pessoa seja considerada letrada, ela deve aprender mais que o proposto pelo modelo de desenvolvimento dominante, a saber, a norma culta da língua em sua modalidade escrita. Isso se faz necessário, tendo em vista que "as práticas de letramento variam com o contexto cultural". Diante delas "não há um letramento autônomo, monolítico, único, cujas consequências para indivíduos e sociedade possam ser inferidas como resultados de suas características intrínsecas" (Street, 2014, p. 82).

Na atualidade, em que há também novas relações multiculturais, as práticas de linguagem exigem/demandam que as reflexões sobre o ensino de leitura e escrita sejam revistas. Nesse prisma, Rojo (2009, p. 108) ressalta que

essas múltiplas exigências que o mundo contemporâneo apresenta à escola vão multiplicar enormemente as práticas e textos que nela devem circular e ser abordados. O letramento escolar tal como conhecemos, voltado principalmente para as práticas de leitura e escrita de textos em gêneros escolares (anotação, resumos, resenhas, ensaios, dissertações, descrições, narrações e relatos, exercícios, instruções, questionários, dentre outros) e para alguns poucos gêneros escolarizados advindos de outros contextos (literário, jornalístico, publicitário) não será suficiente [...] Será necessário ampliar e democratizar tanto as práticas e eventos de letramentos que têm lugar na escola como o universo e a natureza dos textos que nela circulam. (Rojo, 2009, p. 108)

Por seu turno, Mortatti (2004, p. 15) destaca que ser capaz de mobilizar conhecimento, no sentido de manejar a escrita e a leitura nos diversos acontecimentos/circunstâncias cotidianamente são, na atualidade, "necessidades tidas como inquestionáveis, tanto para o exercício pleno da cidadania, no plano individual, quanto para a medida do nível de desenvolvimento de uma nação, no nível sociocultural e político". Seguindo essa linha de pensamento, Ferrarezi Jr. (2014, p. 83) afirma que

a escrita na escola precisa ser a escrita-na-e-para-a-vida, assim como a leitura tem que ser. [...] A escrita do Facebook, as escritas cifradas dos diários pessoais, as múltiplas formas de escrita que nossa sociedade alimenta precisa ser trabalhada pela e na escola também. Um dos maiores pecados da escola em relação à escrita, aliás, tem sido exatamente este: o de desprezar as múltiplas formas de escrita alimentadas na sociedade. (Ferrarezi Jr., 2014, p. 83)

Com base nos autores, reforçamos o fato de que os alunos só poderão se tornar letrados com competência, ou seja, capazes de utilizar de maneira eficaz a língua(gem) nos diversos contextos da/na sociedade contemporânea, se eles a vivenciarem na escola de maneira viva/efetiva, ou seja, da forma como acontece no ambiente extraclasse, abordando as multiplicidades encadeadas na coletividade, em suas próprias realidades, explorando os modos de escritas utilizadas no ambiente virtual.

Para Bakhtin (1992, p. 280), "todas as esferas da atividade humana, por mais variadas que sejam, estão sempre relacionadas com a utilização da língua". Então, é por meio da linguagem que desempenhamos diversas funções sociais comunicativas no cotidiano. Desse modo, seguimos a linha de pensamento de que não podemos tratar a língua tão somente em seus aspectos formais/gramaticais e estruturais, mas sim abordando/analisando a sua dimensão discursiva e enunciativa, bem como sua condição/característica funcional e interativa.

Diante da compreensão da relevância de uma perspectiva dos letramentos sociais, da língua como atividade social, histórica e cognitiva, defendemos que o ensino de LP deva tomar como ponto de partida uma ótica discursiva, para que o aprendiz possa estar apto a refletir sobre a língua e seu funcionamento na sociedade.

Pensar nessa condição, conforme Gregolin (2007, p. 69) explica, equivale acrescentar às práticas textuais a noção de que "os textos são produzidos por interlocutores situados historicamente e socialmente, de que os discursos veiculam os valores, as ideologias de uma sociedade". Desse modo, "produzir sentidos é, então, ocupar uma posição, tornar-se sujeitos de um dizer frente a outras vozes".

Em contrapartida, é de conhecimento geral que os professores, em situações formais de ensino, insistem em apresentar o(s) texto(s) sem problematizar o seus sentidos e conteúdo, dado que o foco é a gramática numa concepção transfrástica, como em atividades de análise morfológica e/ou sintática, em que se desmembra/decompõe a frase para pensar em seus termos e suas funções na composição frasal. Street (2012, p. 132) entende que esses professores "definem problemas técnicos, atinentes à gramática e à sintaxe, e as soluções, uma vez dadas, são incorporadas a uma lista geral de regras e prescrições sobre a própria natureza da língua".

Por esse prisma, um grande e relevante propósito que a escola precisa almejar é o de elevar os graus de letramento dos alunos o máximo possível, isto é, utilizar práticas de leitura e escrita em sala de aula com o intuito de formar cidadãos que possam interagir na sociedade de forma efetiva. A esse respeito, Souza (2012, p. 62) destaca:

[e]ssa apropriação das "letras", como leitores e produtores de textos, leva os educandos ao contato com os usos sociais da cultura cultivada, possibilitando-lhes o envolvimento com as práticas socais (ouvir e falar,

ler e escrever) que os auxiliarão a interpretar, a estabelecer significados, a conhecer recursos e estratégias de linguagem, de modo a qualificarem-se para a comunicação e o trabalho. (Souza, 2012, p. 62)

Corroboram esse pensamento as colocações de Gregolin (2007, p. 66), que diz: "ao propor o estudo das variedades, dos níveis de linguagem, da relação entre oralidade e escrita, aponta para uma concepção profundamente humanista e social do ensino". Dessa forma, o ensino de língua deve se pautar na perspectiva de instruir os alunos a articular a linguagem nas inúmeras esferas e contextos de usos na contemporaneidade, de modo atuante como cidadão.

Metodologia

Para realização desta pesquisa qualitativa, foi de fundamental importância conhecer as práticas discente/docente no contexto de sala de aula, bem como o que dizem e fazem os alunos em sala e fora dela. Para isso, foi imprescindível realizar um estudo de campo, o qual foi conduzido no 8° ano do ensino fundamental de uma turma de EJA de uma escola pública do interior de Goiás. Inicialmente, foi solicitada à direção da escola autorização para realização do estudo, e após o esclarecimento referente à execução, foram explicados os procedimentos envolvidos, bem como os riscos e benefícios. A professora regente assinou um Termo de Consentimento Livre e Esclarecido.

Foi adotada a etnografia de sala de aula como método de pesquisa proposto por Street (2012). Para o autor, intitula-se como etnográfica a pesquisa que segue os passos metodológicos de "observação atenta e detalhada das interações em sala de aula, às vezes com algum interesse nas vidas e nos papéis dos alunos fora do ambiente escolar" (Street, 2012, p. 65). Assim, foi intenção deste estudo descobrir o que os alunos possuem de práticas letradas e se a professora os aborda em sala de aula, levando-se em conta o contexto e a complexidade do fenômeno investigado.

Os instrumentos utilizados para a geração do material empírico foram observação de oito aulas com registros de notas de campo, questionário e entrevista semiestruturada gravada em áudio com dois alunos participantes. As observações em sala de aula ocorreram durante o mês de março/2015, no período de duas semanas, especificamente nas aulas de Língua Portuguesa. O questionário possuía questões abertas para todos os alunos e suas perguntas buscavam compreender o que costumavam fazer nas horas de lazer; se tinham hábito de leitura/estudo fora da escola e quais seriam esses hábitos; se faziam uso de redes sociais (*Facebook, WhatsApp, Twitter*, outros); se o que aprendiam na escola era aproveitado em suas vidas diárias e em seus locais de trabalho, e como isso se configurava. Além disso, por se tratar de uma etnografia em sala de aulas, as conversas informais com alunos e professora também validam as descrições e interpretações de análise.

A sala pesquisada possui alunos de idades e perfis sociais distintos. No dia em que foi aplicado o questionário (aula 2), estavam presentes 12 alunos com idades entre 16 a 63 anos, cujas profissões eram servente, borracheiro, estudante, produtor rural e do lar. Cabe mencionar que todos os sujeitos da pesquisa tiveram seus nomes/identidades resguardados por motivos éticos. Por isso, serão referenciados, no decorrer da análise, por pseudônimos escolhidos por eles próprios no momento da geração dos dados. Ressaltamos também que não temos a pretensão de realizar descrição e avaliação minuciosa da prática pedagógica docente. Nosso intento é acrescentar reflexões ao discurso sobre novos letramentos e EJA.

Análise e discussão dos dados

As observações das aulas de Língua Portuguesa ocorreram em quatro dias, não consecutivos, correspondendo a oito aulas. Embora o tempo de observação pareça pouco, foi suficiente para detectar questões relevantes e que podem ser comparadas, e até mesmo ampliadas, em uma perspectiva geral. No cenário da sala de aula, buscamos investigar se e como a professora regente abordava as várias experiências e práticas letradas que os jovens possuíam/desempenhavam em suas vidas cotidianas, bem como a relação dessas práticas com a aprendizagem de LP em sala de aula.

No primeiro dia de observação (aula 1), foi possível perceber que a docente prima por ensinar linguagem padrão em detrimento das variedades linguísticas existentes e que permeiam a fala e os usos dos estudantes. Nas aulas observadas, ao se trabalhar com textos, em grande parte das atividades, a docente priorizava a leitura feita por ela, em voz alta, e, em seguida, explicava as palavras que os alunos não entendiam. De modo que raramente se discutia com afinco os sentidos do texto, da linguagem e/ou as possíveis interpretações, ou mesmo as relações e alusões com o cotidiano dos alunos.

Conforme consta em nota de campo, a professora pediu aos alunos que transcrevessem textos escritos com linguagem não-padrão para a linguagem padrão/formal; em seguida, foram incentivados a ler em voz alta suas respostas. Mesmo com resistência inicial, muitos alunos iam lendo sua (re)produção, para que a professora fizesse os apontamentos necessários durante a leitura. Outros sequer realizavam os exercícios e permaneciam, durante a aula, usando o celular, trocando mensagens pelo aplicativo *Whatsapp,* sem se preocuparem, inclusive, com o som emitido pelo aparelho celular ao receber nova mensagem durante a aula.

No ato da correção de reescrita do texto, foi notado que, em muitos casos, os alunos repetiam os erros do texto e/ou trocavam por uma outra variante, de maneira equivocada, como *"nóis"* ao invés de nós, *"come"* ao invés de comer, entre outros. Ao corrigi-los, a educadora o fazia de voz alta, por vezes em tom de ironia, em clima de descontração, o que causava risos por parte dos colegas de classe.

Como podemos perceber, os alunos parecem receber as instruções/correções de forma passiva, como depositárias, sem questionarem o porquê de se escrever assim. A professora não aborda as variações linguísticas, de modo a problematizar com eles a forma de linguagem informal, a qual supostamente utilizam no seu dia-a-dia. Em alguns momentos, a professora menciona a maneira como eles estão acostumados a redigir nas mensagens virtuais. Porém, alerta-os de que devem escrever corretamente e sem abreviações, inclusive.

A esse aspecto constatado em sala, Kramer (2010) afirma que o formador deve rever sua postura em relação à maneira com que lida com a linguagem, para que se possa perceber a linguagem em seu movimento, como produção social e histórica da interação humana e não como mera transmissão de normas e valores cognitivos. A centralidade na escrita precisa ser questionada. Faz-se necessário trazer a fala para a sala de aula. Essa metodologia de abordagem em relação à língua trará significativas mudanças sobre a forma de encarar a linguagem dos alunos, tencionando o apreço às diferenças, às variedades de falares, às condições de usos da língua e à conjuntura de sua produção cultural dentro de comunidades de fala (Gregolin, 2017).

Em outro momento (aula 2), uma aluna chegou a mencionar que não iria mais ser amiga da professora na rede social *Facebook*, pois não queria passar a vergonha de ser corrigida: "Professora, vou te excluir do *facebook*! Porque senão você vai corrigir o que eu postar" (Rafaella). A docente sorriu e disse que iria corrigi-la nem que seja em pensamento. Ela acrescentou: "Não vou postar mais nada!"

Conforme Oliveira e Wilson, a partir da experiência educacional, a escola, na figura do professor, precisa problematizar/apresentar as variantes sociolinguísticas do português, levando em conta sempre o caráter político e ideológico que envolve essa questão. Nesse contexto, em alusão às multiplicidades de letramentos proposta por Street (2012), haveria de se considerar, no âmbito escolar, que as práticas de letramentos estão relacionadas com os contextos culturais específicos. Assim, trazer para as discussões em sala de aula os discursos que permeiam as interações virtuais, com vistas a problematizá-los conforme o seu contexto de produção, abordando-os de maneira valorativa, seria demasiadamente produtivo para as reflexões e análises linguística no ensino de LP.

Em relação ao questionário aplicado, podemos perceber que as respostas foram, por vezes, respondidas sem nexo com a pergunta e, em sua maioria, respondidas de maneira vaga e sucinta. Chamou-nos a atenção, também, o predomínio de assertivas frisando que os conteúdos gramaticais aprendidos em LP serve em seu trabalho e/ou na sua vida diária para "falar melhor", "escrever sem erros", e para quando vão "preencher um formulário ou curriculum". Destacam-se as falas das participantes Linda e Yvana ao responderem à pergunta: o que você aprende em Língua Portuguesa é aproveitado na sua vida diária? Como?

[1] Sim, para falar melhor, ler, interagir com as pessoas que estão em um nível mais elevado de estudo. Yvana (Questionário)

[2] Sim. Como eu sou do meio rural é muito importante para mim. Linda (Questionário)

As falas em destaque revelam-nos que a forma como entendem a língua estaria representada na condição de acesso, de ascensão social, ao que é socialmente privilegiado. Essas interpretações, cabe ressaltar, não estão na materialidade/na essência das palavras, mas na discursividade, ou seja, na forma como a ideologia do falante se (re)produz no discurso (Orlandi, 2001). Assim, os enunciados acima, dado o contexto de sua produção, revelam-nos que a forma com que as participantes deste estudo veem o ensino de línguas e sua aquisição representa *"marca de status"*; o domínio da norma culta é entendido como o aprendizado de uma prática necessária à ocupação dos postos de prestígio, "uma ferramenta capaz de concorrer para a ascensão a lugares de maior visibilidade e mérito social" (Oliveira e Wilson 2011, p. 238). Assim sendo, para as participantes, o fato de falar/escrever corretamente poderá lhes garantir o acesso a lugares, para elas, elitizado, assim como manter diálogo com pessoas de notoriedade na sociedade.

Essa assertiva foi reafirmada também nas entrevistas ao serem questionados sobre a importância do ensino/aprendizagem de LP. Vejamos:

[3] Se a gente precisar falar em público, porque a gente tá... porque assim, igual eu moro na zora rural, na zona rural, não! No meio rural, porque agora não fala mais zona rural não, meio rural! Então eu moro no meio rural, então de vez em quando a gente tem alguns cursos, tem algumas palestras, e se a gente não saber falar a gente fica com vergonha até de chegar e pedir pra falar alguma coisa. Se for preciso chegar e falar em público, a gente tem como saber chegar e falar o que for preciso falar, ou então responder alguma coisa que for preciso. (Linda)

[4] Olha, porque hoje em dia não adianta nada você chegar... igual, por exemplo, suponhamos que algum dia eu chegue a me formar, ser alguém na vida, e o português hoje em dia, no nosso país, ele é fundamental. (Riago)

As falas expostas reverberam um preconceito linguístico, uma vez que os entrevistados elegem a variante padrão como privilegiada, demonstrando suas crenças acerca de uma superioridade social em comparar a competência linguística entre falantes. Tal preconceito pode estar subjacente às práticas docentes em sala de aula, em que as reflexões sobre a língua são norteadas pela gramática normativa e pela rigidez culta, desvalorizando as diferentes variedades sociais da língua em seu uso, de fato. A fala de Riago, além disso, demonstra uma identidade fragilizada/inferiorizada, uma vez que o participante considera-se um cidadão qualquer, não emancipado, por não ter uma formação acadêmica. Por isso, atribui à sua falta de escolaridade a negação de seu *status* de cidadão, de se tornar ser gente. Com isso, desmerece, entre outros, os seus saberes e os letramentos sociais de seu lócus, de seu trabalho como hortifrúti, na arte de plantar e colher.

Notamos também que a atitude por parte da docente, em deixar de valorizar os saberes trazidos pelo alunado, pode ser reforçada em suas práticas, como podemos comprovar na fala de Riago:

Na minha opinião, pra mim falar corretamente, é tipo assim, corrigir. Igual, por exemplo, a professora ali, às vezes, ela corrige muito a gente a maneira de expressar, então eu acho feio. Quando eu estou conversando... igual eu estou envergonhado por que você está em um nível intelectual bem acima do meu, então eu estou tentando procurar umas palavras mais corretas pra te dizer do que, por exemplo o que eu converso no dia a dia lá na fazenda. Principalmente, como diz a professora, se você quiser conversar com pessoas que tem um nível intelectual acima, bem elevado, se eu for conversar com eles da maneira que eu sei, o português eu acredito que, principalmente para trabalho, se for uma coisa mais... Por exemplo, se um dia eu quiser ser um palestrante ou alguma coisa assim, se eu não aprender o português correto eu jamais vou chegar a isso. Olha, eu concordo com ela porque hoje em dia a tecnologia está desaprendendo, tá fazendo com que essas pessoas, que frequentam a redes sociais, estão tentando mudar a nossa língua portuguesa. (Riago)

Ao optarmos por manter a mobilização lexical e de dialeto de Riago no original, a exemplo dos outros excertos presentes neste trabalho, muito característico às falas dos participantes, percebemos um sentimento de vergonha em relação ao seu linguajar, ao modo de se expressar, seu vocabulário, por considerarem que não sabem falar corretamente, pois segundo eles, falar corretamente é falar sem cometer "erros". É claro que o posicionamento discursivo de uma das autoras deste artigo, na condição de professora de línguas e, no caso em questão, de pesquisadora inserida no contexto de produção dos dados, baliza as projeções interlocutórias desse discurso.

O fato é que existe um sentimento social de inferioridade e, em decorrência dele, surge então a exclusão social pela língua, uma vez que os relatos dos entrevistados indicam que, para eles, falar corretamente pode garantir-lhes também acesso a lugares de prestígio social. Ratificam as relações de poder exercidas pela linguagem ao considerarem que aqueles que sabem LP possuem outro nível de status social. Por tabela, inferimos que, com isso, os alunos participantes assumem uma identidade de não falantes de português, outrora diferenciam-se dos outros que têm poder intelectual maior, justamente por saberem um português mais aproximado do aceitável no consenso social.

Linda, por exemplo, avalia que, ao estar em algum lugar, como cursos ou palestras, e "não saber falar, a gente fica com vergonha até de chegar e pedir pra falar alguma coisa". Em relação a essa representação, Bagno (57) lembra que o ensino baseado na gramática tradicional da língua quer que os alunos falem sempre da mesma forma de grandes autores. Dessa forma, uma abordagem de ensino nessa direção despreza totalmente as manifestações da oralidade, impondo, assim, a qualquer custo, a "língua literária como a única forma legítima de falar e escrever, como a única manifestação lingüística que merece ser estudada".

Os estudos de Street (2012) posicionam as práticas de letramento no contexto de poder e ideologia, e não como habilidade neutra, técnica, homogênea, à qual se assemelham as ações da educadora no contexto investigado. A esse respeito, Bagno cita a fala de Celso Pedro Luft, em *Língua e liberdade*, evidenciando que essa vertente de ensino gramaticista pode abafar talentos naturais e fazer com que o medo à expressão oral, próprio de cada indivíduo, seja gerado, bem como provocar insegurança na linguagem.

O ensino observado, infelizmente, desvaloriza a lógica de que os jovens e adultos trabalhadores da EJA estão inseridos em diversas situações de usos sociais da linguagem, como o da família, do trabalho, da igreja, do lazer etc. Ou seja, ignora os diversos letramentos que os discentes trazem consigo. Do contrário, os letramentos poderiam ser discutidos, valorizados e aproveitados em sala de aula para problematizar, por exemplo, a adequação ao uso da língua, assim como trazer informação e interpretações diversas aos estudos de LP.

Será então que o que esses alunos de EJA aprendem/estudam nas aulas de LP pode ser, de fato, aproveitado em sua vida extraclasse, visto que eles, em sua grande maioria, são provenientes de camadas populares mais modestas e muitos do meio rural? Em sua fala, Riago chama a atenção para um fato interessante: adequação ao contexto de produção oral. Ele ressalta que, por trabalhar com agricultura, o trabalho é braçal e, se ele for praticar o que aprendeu na escola, falar o português corretamente, as pessoas a sua volta irão rir/debochar dele, e acrescenta: "Aí se você pegar e começar falar o português muito correto eles vão falar o que: - Ah, esse caboco aí, num sei não... esse caboco aí morde é na fronha".

Tal discurso revela a condição da língua como constituidora de identidade e balizada por relações de gênero, uma vez que a fala de Riago sugere que falar correto é construir uma outra identidade de gênero, a depender de sua condição sexual. A fala de Riago, portanto, revela um fato preocupante em relação às concepções sociais de seu grupo social acerca das relações de gênero: é como se falar ajustado à norma culta significasse um atributo feminino, podendo o homem deixar de ser "macho", afetar sua masculinidade se falar "corretamente".

Esse discurso nos alerta para reflexões profícuas sobre exclusão social, discriminação e intolerância na linguagem, que são indispensáveis, mas que, neste texto, por questões de sua extensão, tornam-se inviáveis. O ponto fulcral é que o participante, no seu contexto profissional, segue tentando adequar a linguagem para falar mais informalmente, semelhante aos seus colegas de trabalho. Em contrapartida, no contexto da entrevista para este estudo, talvez por conta da interlocução da pesquisadora deste estudo, professora de língua portuguesa, o participante tenta se aproximar mais da linguagem formal.

Todas essas concepções trazidas pelo aluno são indicativas/provenientes do seu contexto social de homem do campo, trabalhador braçal, 45 anos etc. Em observância a todos esses fatores, compreendemos que os letramentos dos sujeitos são dependentes dos seus contextos, de modo que as práticas letradas são balizadas por características sócio-históricas, dependentes do local e do período em que ocorrem (Street, 2012). A exemplo do que ocorre com Riago, todos os jovens e adultos trazem consigo variados letramentos e concepções formadas. E são essas práticas que precisam ser refletidas em análise linguística pela educadora, com o propósito de melhorar o desempenho dos alunos frente às variadas situações comunicativas de que participam em seus contextos sociais diários. Frente ao que foi discutido, Geraldi (2010, p. 37) adverte que

> não se trata, portanto, de "aprender a língua padrão" para ter acesso a cidadania. Trata-se de construir a linguagem da cidadania, não pelo esquecimento da "cultura elaborada", mas pela re-elaboração de uma cultura (inclusive a linguística) resultante do confronto dialógico ente diferentes posições. (Geraldi, 2010, p. 37)

Ou seja, pensar no ensino de LP para a vida pressupõe ponderar que as práticas sociais têm implícitos princípios socialmente construídos e que não é possível separar o sujeito do contexto em que se insere. As ações pedagógicas, pelo viés dos novos letramentos, propõem que o estudante se relacione com a linguagem em diálogo com a cultura, com as crenças, com os valores e com as ideologias dos saberes sociais de seus grupos; relacione-se, portanto, com os sentidos sociais dessa linguagem, conforme as práticas sociocomunicativas a que tenha acesso diariamente.

As questões discutidas referentes à prática docente analisada apontam para um ensino que se distancia do modelo ideológico de letramento e se aproxima do modelo autônomo (Street, 2014), visto que não se faz com que os estudantes se envolvam em uma prática social e discursiva em que podem apresentar suas opiniões/posicionamentos e discuti-las, de modo a contribuir para seu apoderamento linguístico e discursivo. A maioria dos estudantes afirmou que usa a internet para trabalhar, informar-se e comunicar-se, bem como o aparelho celular também. Consta em nota de campo que utilizam o aplicativoW*whatsapp* até mesmo durante as aulas, porém, sem consideração da ferramenta para a sua reflexão linguística em sala de aula. Em relação à mídia e à linguagem tecnológica, a menção a que a docente fez aos referidos temas foi para alertá-los de evitar abreviações e gírias ao utilizarem-nas.

Entendemos que há evidente necessidade de alargar as práticas e competências linguísticas e leitora dos jovens adultos. Entretanto, a prática escolar precisa considerar que esses estudantes já são participantes ativos de um mundo letrado, assim como reconhecer as variedades linguísticas que existem, tomando como ponto de partida o que esses jovens são e fazem, e não aquilo que "não são" e "não fazem" (Souza, 2012). Sob tais prerrogativas, convém destacar as colocações de Possenti (1996, p. 14):

> [d]ado que a chamada língua padrão é de fato o dialeto dos grupos sociais mais favorecidos, tornar seu ensino obrigatório para os grupos sociais menos favorecidos, como se fosse o único dialeto válido, seria uma violência cultural. Isso porque, juntamente com as formas linguísticas (com a sintaxe, a morfologia, a pronúncia, a escrita), também seriam impostos os valores culturais ligados às formas ditas cultas de falar e escrever, o que implicaria em destruir ou diminuir valores populares. (Possenti, 1996, p. 14):

Tendo em vista que as práticas sociais de que os alunos participam na escola e fora dela são numerosas, a adequação da linguagem conforme as expectativas e funções que realizam também são diferentes. Essa consciência de se aliar as práticas de letramentos discentes às abordagens de ensino em sala de aula implicará um ensino de LP mais significativo, fazendo com que os alunos se sintam mais valorizados e atraídos à aprendizagem. Diante disso, trazemos Bagno (1999, p. 145) para quem:

> ensinar bem é ensinar para o bem. Ensinar para o bem significa respeitar o conhecimento intuitivo do aluno, valorizar o que ele já sabe do mundo, da vida, reconhecer na língua que ele fala a sua própria identidade como ser humano. Ensinar para o bem é acrescentar e não suprimir, é elevar e não rebaixar a autoestima do indivíduo. (Bagno, 1999, p. 145)

Considerações finais

A pesquisa mostrou que o ensino de LP na turma da EJA pesquisada supostamente não reflete a condição de aliar o ensino à realidade do aluno. Mostra ainda que a prática docente é permeada pela ação metalinguística e formal da LP. Um fato relevante a ser destacado é de que uma parte substancial da referida turma é proveniente do meio rural, de camadas populares. Consequentemente, sua mobilização lexical de fala é característica desse meio. Portanto, ensinar o "português correto", como mencionaram os participantes da entrevista, como algo externo a eles, pode fazer com que se sintam envergonhados de seu próprio uso, porque não considera outros letramentos sociais dos quais participam. Com isso, negam-se identidades e, como resultado, provoca-se exclusão social pela língua pensada nos padrões sociais rígidos.

(Re)pensar em um ensino que tenha como ponto de partida a cultura do alunado equivale oportunizar acessos a esses interlocutores, para que se fundamentem e adequem suas práticas, a partir da consideração de sua cultura. Não estamos priorizando os letramentos sociais em detrimento do letramento escolar. Sabemos, sim, que esse é importante e necessário no contexto de EJA. Todavia, é preciso que os educadores tirem partido do conjunto de conhecimentos de que o alunado detém, na tentativa de enriquecer as aulas e auxiliá-lo no percurso de ensino da leitura e escrita, ou seja, do letramento escolar.

Referências bibliográficas

Bagno, Marcos. *Preconceito linguístico*, o que é, como se faz. São Paulo: Edições Loyola, 1999.

Bakhtin, Mikhail. "Os gêneros do discurso". *Estética da criação verbal, edited by Mikhail Bakhtin*, Trad. Maria Ermantina Galvão Gomes Pereira, São Paulo: Martins Fontes, 1992, pp. 261-306.

Ferrarezi Junior, Celso. *Pedagogia do silenciamento*: a escola brasileira e o ensino de língua materna. São Paulo: Parábola Editorial, 2014.

Geraldi, João Wanderlei. *A aula como acontecimento*. São Carlos: Pedro & João Editores, 2010.

Gregolin, Maria do Rosário. "O que quer, o que pode esta língua? Teorias Linguísticas, ensino de língua e relevância social". *A relevância social da Linguística*, edited by Carlos Alberto Faraco, São Paulo: Parábola Editorial: Ponta Grossa, 2007, pp.51-77.

Kleiman, Angela. *Preciso "ensinar" o letramento?* Não basta ensinar a ler e a escrever. Linguagem e letramento em foco. Ministério da Educação: Unicamp, 2005.

Kramer, Sonia. *Alfabetização, leitura e escrita*: formação de professores em curso. São Paulo: Ática, 2010.

Mortatti, Maria do Rosário Longo. *Educação e letramento*. São Paulo: UNESP, 2004.

Oliveira, Mariangela Rios. Wilson, Victoria. "Linguística e ensino". *Manual de Linguística*, edited by Mário Eduardo Martelotta, São Paulo: Contexto, 2011, pp. 235-243.

Orlandi, Eni *Análise do Discurso:* princípios e procedimentos. Campinas, SP: Pontes, 2003.

Pierro, Maria Clara; et al. "Visões da educação de jovens e adultos no Brasil." *Cadernos Cedes,* XXI, n.55, novembro/2001, pp 58-77.

Possenti, Sírio. *Por que (não) ensinar gramática na escola*. Campinas, SP: Mercado de Letras, 1996.

Rojo, Roxane Helena. *Letramentos múltiplos, escola e inclusão social*. São Paulo: Parábola Editorial, 2009.

Rojo, Roxanne Helena. Moura, Eduardo. *Multiletramentos na escola*. São Paulo: Parábola, 2012.

Soares, Magda. *Letramento*: um tema em três gêneros. Belo Horizonte: Autêntica Editora, 2009.

Souza, Ana Lúcia Silva. et al. *Letramentos no ensino médio*. São Paulo: Parábola Editorial, 2012.

Street, Brian. "Eventos de letramento e práticas de letramento: teoria e prática nos novos estudos do letramento." *Discursos e práticas de letramento:* pesquisa etnográfica e formação de professores, edited by Izabel Magalhães, Campinas, SP: Mercado das Letras, 2012, pp. 69-92.

Street, Brian. *Letramentos sociais*: abordagens críticas do letramento no desenvolvimento, na etnografia e na educação. Trad. Marcos Bagno. São Paulo: Parábola Editorial, 2014.

PARTE 4

4.1 EMPODERAMENTO FEMININO NO CONTEXTO DE SALA DE AULA DE PLE

Luana Reis
University of Pittsburgh

Resumo: O presente trabalho discute a noção de empoderamento feminino e suas implicações para o processo de ensino-aprendizagem de línguas. Com o objetivo de promover orientações e práticas de ensino de língua estrangeira cada vez mais diversas e pluriculturais, serão apresentadas propostas e estratégias pedagógicas para o contexto de ensino de português como língua estrangeira (PLE). Serão tecidas considerações sobre a inclusão dos modos como se constroem e reconstroem as representações sobre as mulheres na sociedade e de sua produção artístico-literária nos materiais didáticos e nas práticas de sala de aula de PLE. Pretende-se enfatizar a importância de uma pedagogia voltada à responsabilidade social através de uma abordagem sobre gênero, sexualidade, identidades múltiplas e comunicação intercultural.

Palavras-chave: Empoderamento feminino, Ensino-aprendizagem, PLE.

Introdução

A noção de empoderamento está associada a relações de poder e suas implicações no estabelecimento de estruturas sociais, econômicas e políticas. É, portanto, um conceito fluido à medida que consideramos a multiplicidade de formas de poder e as muitas vertentes a partir das quais o poder se exercita na sociedade contemporânea. O poder está presente nas relações econômicas, políticas, sociais, mas também nas relações pessoais. O processo de conscientização acerca das diversas formas de poder é fundamental para o entendimento do conceito de empoderamento.

Apesar de ser um tema bastante frequente em agências e organizações de desenvolvimento internacional, o tema de empoderamento feminino tem uma presença tímida em publicações educacionais. Stromquist (2015, p. 307) afirma que uma revisão dos títulos dos artigos em três periódicos de prestígio no campo educacional (*Comparative Education Review*, *Compare* e *European Journal of Education*) ao longo de 10 anos identificou um total de apenas três artigos que usam a palavra "empoderamento" em seus títulos. Segundo a autora (p.308) empoderamento pode ser definido como "um conjunto de conhecimentos, habilidades e condições que as mulheres devem possuir para entender seu mundo e agir sobre ele. O empoderamento é, portanto, *inseparável de uma ação subsequente* - nos níveis individual e coletivo."[1]

---

[1] I define empowerment as a set of knowledge, skills, and conditions that women must possess in order to understand their world and act upon it. Empowerment is thus *inseparable from*

Conforme salienta Naila Kabeer (1999, p.437) a noção de empoderamento envolve mudança e "refere-se à expansão na capacidade das pessoas de fazer escolhas de vida estratégicas em um contexto onde esta habilidade foi previamente negada."[2] Nesse sentido, o processo de ensino-aprendizagem de línguas desempenha um papel importante. A língua é um fenômeno social e existe e se renova na interação. É através da língua e na língua que fazemos intervenções sociais, políticas, culturais e históricas no mundo. Segundo Louro (2007, p. 214) a linguagem numa perspectiva pós-estruturalista "não apenas reflete o modo pelo qual se conhece, mas que ela faz mais do que isso, que ela institui um jeito de conhecer."

Ao oportunizar o acesso à educação linguístico-cultural é possível promover o exercício da cidadania por parte dos sujeitos envolvidos. Embora reconheça que a educação por si só não seja suficiente para promover transformações sociais e mudança nas relações sociais de gênero, considero que sem atividades e espaços educacionais tanto formais quanto informais não é possível questionar e combater situações de opressão e desigualdade. É indispensável uma formação educacional que permita o despertar de uma consciência crítica com relação aos seus direitos para que se possa lutar por eles.

Ao destacar o papel fundamental da educação no processo de empoderamento feminino, não minimizo a importância das outras dimensões tais como, a dimensão econômica, política e psicológica. O empoderamento feminino é um processo complexo de (re) conhecimento e ação que precisa de um movimento dinâmico em muitas dimensões que interagem umas com as outras para produzir um efeito visível e sustentável. As mudanças precisam acontecer em todos os tipos de relações sociais. De acordo com Batliwala (1994, p.132):

O processo de empoderamento é, portanto, uma espiral, mudando a consciência, identificando áreas para atingir mudanças, planejando estratégias, atuando como agentes de mudanças e analisando ações e resultados, o que leva a níveis mais altos de consciência e estratégias mais precisamente aprimoradas e melhor executadas. A espiral do empoderamento afeta todos os envolvidos: o indivíduo, o agente ativista, o coletivo e a comunidade. Assim, o empoderamento não pode ser um processo de cima para baixo ou de sentido único. [3]

---

subsequent action — at both the individual and collective levels. (Todas as traduções são de responsabilidade da autora)

2 Inasmuch as our notion of empowerment is about change, it refers to the expansion in people's ability to make strategic life choices in a context where this ability was previously denied to them.

3 The process of empowerment is thus a spiral, changing consciousness, identifying areas to target for change, planning strategies, acting for change, and analyzing action and outcomes, which leads in turn to higher levels of consciousness and more finely honed and better executed strategies. The empowerment spiral affects everyone involved: the individual, the

O objetivo deste trabalho é considerar o processo de ensino-aprendizagem de línguas como um elemento de transformação social através de considerações sobre a noção de empoderamento feminino. Ao reconhecer o caráter sócio histórico da língua, defendo que as transformações nas relações de poder entre homens e mulheres também envolvem transformações na linguagem e no uso que dela fazemos no nosso dia a dia. Através de um olhar aberto e comprometido sobre a prática pedagógica, busco apresentar propostas e estratégias para o contexto de ensino de português como língua estrangeira (PLE) e, desse modo, promover orientações e práticas de ensino de língua estrangeira mais diversas e pluriculturais.

Não é objetivo deste artigo tratar da história epistemológica do conceito de empoderamento feminino, mas apresentar e discutir princípios relacionados à articulação entre empoderamento feminino e pedagogia de ensino de línguas. O artigo também não aprofunda a questão das muitas formas de identidade de gênero. Contudo, ao usar o termo homens ou mulheres não trato essas duas categorias como essencialistas ou fixas e reconheço que os esforços para a igualdade de gênero devem considerar a complexidade humana e as diversas formas de ser e as maneiras variadas de ser mulher. Concordo com Louro (1994, p. 36) quando ela afirma que:

(...) gênero, bem como a classe, não é uma categoria pronta e estática. Ainda que sejam de naturezas diferentes e tenham especificidade própria, ambas as categorias partilham das características de serem dinâmicas, de serem construídas e passíveis de transformação. Gênero e classe não são também elementos impostos unilateralmente pela sociedade, mas com referência a ambos supõe-se que os sujeitos sejam ativos e ao mesmo tempo determinados, recebendo e respondendo às determinações e contradições sociais. Daí advém a importância de se entender o fazer-se homem ou mulher como um processo e não como um dado resolvido no nascimento. O masculino e o feminino são construídos através de práticas sociais masculinizantes ou feminizantes, em consonância com as concepções de cada sociedade. Integra essa concepção a ideia de que homens e mulheres constroem-se num processo de relação.

Há um conjunto bastante complexo de posições e proposições na área de estudos de gênero, como em qualquer outra área. Não tenho, portanto, qualquer pretensão de responder, nesse texto, às inquietações teóricas no âmbito dos estudos da mulher e de gêneros. A partir de um conjunto de dados empíricos, procuro salientar a relevância de tornar o espaço de sala de aula de PLE um local privilegiado para a inclusão dos talentos, habilidades, experiências e energia das mulheres e para o debate sobre as desigualdades

---

activist agent, the collective, and the community. Thus, empowerment cannot be a top-down or one-way process.

sociais, políticas e econômicas enfrentadas pelas mulheres diariamente.

Empoderamento feminino e ensino-aprendizagem de línguas

O perfil da sociedade contemporânea tem promovido um movimento rápido de criação de redes de compartilhamento de conhecimentos, informações e ideias a partir do avanço das tecnologias da informação e comunicação. Nesse cenário de articulação entre povos e culturas é importante repensar sobre a complexidade da tarefa de ensinar e os conhecimentos, habilidades e competências necessárias na formação dos profissionais da área de educação. No âmbito de ensino-aprendizagem de línguas, não se pode mais desconsiderar as condições político-econômicas e sociais nas quais estão inseridas as diversas práticas de uso da língua.

A complexidade e diversidade de relações de gênero, papéis e identidades exige respostas criativas e abordagens de ensino-aprendizagem de línguas sensíveis ao gênero. Abordagens criativas, imaginativas e flexíveis baseando-se em práticas individuais existentes, oferecendo aprendizagem em parceria com os sujeitos envolvidos na interação. É fundamental considerar as experiências anteriores de aprendizagem e histórias políticas, sociais, culturais e econômicas que influenciam a participação atual das pessoas no processo educativo. O conhecimento precisa ser constantemente reinterpretado para atender às necessidades contemporâneas, construído e reconstruído coletivamente por estudantes e professores. Uma metodologia de ensino que busca promover o empoderamento feminino deve, portanto, abrir espaços para as mulheres refletirem, contribuírem e desenvolverem suas experiências e moldar a aprendizagem por si mesmas.

Segundo a socióloga colombiana Magdalena León (1997, p.20): "O empoderamento não é um processo linear com início e final definido igualmente para diferentes mulheres ou grupos de mulheres. O empoderamento é diferente para cada indivíduo ou grupo de acordo com sua vida, contexto e história, e de acordo com a localização da subordinação nos níveis pessoal, familiar, comunitário, nacional, regional e global. "[4] Nesse sentido, o que empodera uma mulher não necessariamente vai empoderar outras. Sendo assim, é importante pensar nas restrições e possibilidades de um contexto específico e a partir daí, reinventar práticas de ensino-aprendizagem de línguas que nos conduzam a relações mais igualitárias na sociedade e na educação.

É crucial que professores de línguas respondam adequadamente às inquietações, demandas e questionamentos do contexto educacional contemporâneo. Contudo, os processos educativos têm falhado no sentido

---

[4] El empoderamiento no es un proceso lineal con un inicio y un fin definidos de manera igual para las diferentes mujeres o grupos de mujeres. El empoderamiento es diferente para cada individuo o grupo según su vida, contexto e historia, y según la localización de la subordinación en lo personal, familiar, comunitario, nacional, regional y global.

de abordar conhecimentos relacionados a questões de gênero. De acordo com Stromquist (2015, p.314): "Para que a educação contribua para o questionamento das relações de gênero, deve haver acesso ao conhecimento relacionado ao gênero e experiências de sala de aula / escola que validem as identidades femininas e apoiem a compreensão das condições assimétricas que afetam mulheres e homens. " [5]

As desigualdades de gênero estão interligadas com as relações socioeconômicas e culturais. À vista disso, programas de conscientização de gênero são necessários para todas as mulheres, independentemente da classe social. Para que ações individuais possam promover ações coletivas que desafiem as relações de poder existentes julgo necessário estabelecer redes de colaboração que promovam constantes diálogos e negociações, uma articulação entre diferentes sujeitos e contextos culturais. Ao se envolver em discussões em grupo é que as experiências individuais podem ser compartilhadas e redes sociais desenvolvidas de modo a habilitar a atuação individual e coletiva das mulheres. Um processo colaborativo de construção de conhecimentos através das ações de professores e alunos.

Com o objetivo de explorar novas alternativas em pedagogia de línguas e desenho curricular é preciso superar uma prática de ensino baseada apenas em exercícios de apreensão das estruturas da língua. As línguas usadas cotidianamente pelas pessoas não são organizadas em categorias fixas, separadas e individuais, mas sim de maneira fluida, criativa e entrelaçada. O contexto de ensino-aprendizagem de português como língua estrangeira, porém, é ainda fortemente marcado pela força da tradição de um ensino gramatical em que os alunos são mais levados a analisar a língua do que utilizá-la. O discurso de que os alunos estão aprendendo a língua portuguesa para atuar em contextos acadêmicos parece esquecer o fato de que tais alunos não serão tele transportados de um contexto acadêmico para outro. Na vida real cotidiana interagimos com pessoas de formações diferenciadas.

As salas de aula são espaços de socialização de ricas experiências de vida divergentes que ajudam a formar as pessoas que fazem a sociedade. Consequentemente, o respeito à diversidade linguístico-cultural das pessoas que vivem em português é um elemento fundamental para uma abordagem de ensino-aprendizagem capaz de instigar os estudantes a interagir de maneira eficaz e adequada nos diversos espaços pluriculturais. A língua padrão frequentemente domina sobre a língua de uso real das comunidades em suas vidas diárias. Ao expressar-se de forma diferente da legitimada pela sociedade muitas vozes são silenciadas e excluídas do contexto acadêmico. No entanto, há uma amplitude de contextos pelos quais os falantes transitam com

---

[5] For schooling to contribute to the questioning of gender relations, there must be access to gender-related knowledge and classroom/s chool experiences that validate girls' identities and support an understanding of the asymmetrical conditions affecting women and men.

diferentes objetivos pessoais, profissionais, acadêmicos, etc. Trata-se de como os indivíduos se relacionam uns com os outros em um contexto particular. Cada indivíduo constrói seu próprio percurso a depender da atividade a ser realizada, das identidades de outros participantes, do contexto, do que se exige, gerando assim ações linguísticas variadas.

Neste contexto, a remoção de estereótipos de livros didáticos e das práticas de professores é um primeiro passo crucial para o desenvolvimento de currículos sensíveis a questões de gênero. Em julho de 2016, uma editora portuguesa publicou livros didáticos para crianças dos 4 aos 6 anos diferenciados por gênero. Enquanto o material feminino tem capa cor-de-rosa e personagens como princesas, o masculino tem capa azul e exercícios ilustrados com piratas e navios. Além da questão estética, o grau de dificuldade dos exercícios varia de acordo com o gênero. As atividades para meninos, em grande parte, são de mais difícil resolução. Também são reforçados alguns estereótipos, tais como a associação do gênero feminino a atividades do lar.[6] O uso de materiais didáticos que adotam esta perspectiva de segregação de gêneros é preocupante à medida que eles promovem uma formação educacional que contribui para perpetuar condições de subordinação ao acentuar a ideia de que há desigualdade nas capacidades cognitivas de meninos e meninas.

Ações pedagógicas e livros didáticos estão longe do ideal de neutralidade que querem exibir. O material didático é um elemento cultural e, portanto, não está dissociado do contexto social no qual se insere. Ele representa um conjunto de valores de um determinado grupo social e pode servir para legitimar estereótipos e preconceitos e perpetuar desigualdades socialmente construídas. Os livros didáticos continuam sendo o material didático mais utilizado nas salas de aula de línguas estrangeiras o que muitas vezes acentua o seu poder como instrumento de difusão de "verdades" acerca das línguas-culturas alvo.

A discussão sobre produtos não designados a meninos e meninas ou a homens ou mulheres, o que inclui a produção de livros didáticos, pode contribuir para a desconstrução de estereótipos de gênero através da promoção do diálogo sobre representações e identidades culturais. Não podemos nos esquecer, porém, de que o livro didático é uma mercadoria e que, portanto, atende às regras instituídas pelas indústrias gráficas e sofre interferências de diversos personagens além do autor. Segundo Mendes (2010, p.59),

---

[6] Para maiores informações sobre a discussão acerca do livro didático, consulte a página: https://www.publico.pt/2017/08/22/sociedade/noticia/serao-as-meninas-mais-limitadas-do-que-os-meninos-a-porto-editora-parece-achar-que-saim-1783031 Acesso em agosto de 2017.

Quanto aos materiais didáticos produzidos de acordo com uma perspectiva cultural/intercultural, além de não estarem disponíveis no mercado, também não são bem recebidos por parte das editoras, que não se arriscam em publicar materiais que fujam à receita tradicional de sucesso da indústria de livros de língua estrangeira, os quais são centrados nos aspectos formais da língua e nas amostras de linguagem descontextualizadas, salvo raras exceções.

Ainda são poucos os livros didáticos disponíveis no mercado para o processo de ensino-aprendizagem de português como língua estrangeira / língua não materna. Entre eles, o "Ponto de Encontro - *Portuguese as a world language*" é um exemplo de uma publicação amplamente utilizada no contexto dos Estados Unidos. O livro foi publicado inicialmente em 2007 e agora está na sua segunda edição. A lição 6 intitulada "As roupas e as compras" apresenta o vocabulário relacionado a roupas e acessórios separados entre roupas de mulher e roupas de homem. Dessa maneira, discriminar o que deve ser aceito e o que deve ser rejeitado nas escolhas do vestuário é o reflexo de uma abordagem que (re) produz certas relações de poder e ensinam modos de ser mulher e de ser homem, formas de feminilidade e de masculinidade.

É essencial proporcionar no ambiente de ensino-aprendizagem a criação de espaços e oportunidades para pessoas transitarem livremente entre formas de expressividades e significações. A partir dessa perspectiva, uma abordagem sensível a questões de gênero busca desenvolver atividades com o objetivo de promover discussão e encorajar os participantes a pensarem criticamente sobre as normas sociais de gênero.

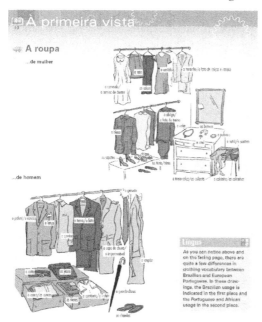

Figura 1 – Lição 6: A roupa e as compras

Fonte: Livro didático "Ponto de Encontro".

Várias coleções de roupas chamadas de "moda sem gênero" vem questionando as regras de representação de gêneros de modo a não produzir e reproduzir tipos específicos de comportamentos, valores, hábitos e atitudes pessoais. Uma proposta para discutir a separação apresentada nessa lição é abordar vídeos e textos que discutam a "moda sem gênero", também chamada de agênero ou não gênero, ou seja, vestuário feito para pessoas, independentemente do gênero. O vídeo intitulado "Quem te disse que roupa tem gênero? "[7], produzido pelo *Trip TV*, mostra entrevistas com um artista, um estilista e um caçador de roupas que vivem no seu dia a dia em São Paulo as possibilidades de usar tubinhos, colares e saias. Outro exemplo é o vídeo "TV PUC-Rio: A moda sem gênero chega às passarelas e traz um novo conceito nas roupas"[8] que apresenta algumas marcas no Brasil que estão aderindo à moda que não se prende a um único gênero.

Outro exemplo de atividade desenvolvida com um grupo de estudantes de *Elementary Portuguese 1* envolveu o tema família. Os livros didáticos geralmente tratam apenas das relações familiares tradicionais com vocabulário relacionado a pai, mãe e irmãos. Para discutir sobre relações familiares, segui o conselho de bell hooks (1994, p. 21) que afirma:

> Quando a educação é a prática da liberdade, os estudantes não são os únicos que são convidados a compartilhar, a confessar. A pedagogia comprometida não procura simplesmente capacitar os alunos. Qualquer sala de aula que empregue um modelo holístico de aprendizagem também será um lugar onde os professores cresçam e são capacitados pelo processo.[9]

Por conseguinte, aproveitei a oportunidade para confessar os meus sentimentos relacionados a não representatividade da minha família formada apenas pela minha mãe e eu. Falamos sobre o preconceito com a mãe solteira e discutimos também sobre a história de vida da minha mãe, a senhora Analice Reis. Ela não teve a oportunidade de ter uma educação formal, tendo estudado apenas até o quarto ano do Ensino Fundamental. Porém, ela sempre teve em mente a importância da educação como um elemento de conscientização e transformação social. A sua dedicação e motivação constante despertou e cultivou em mim o desejo de aprender cada vez mais. Os alunos, então, tiveram a oportunidade de conhecê-la através do Skype e

---

[7] Disponível em https://www.youtube.com/watch?v=hgtxJVZ_kxU Acesso em janeiro de 2017.
[8] Disponível em https://www.youtube.com/watch?v=cboZIqmlg64 Acesso em janeiro de 2017.
[9] When education is the practice of freedom, students are not the only ones who are asked to share, to confess. Engaged pedagogy does not seek simply to empower students. Any classroom that employs a holistic model of learning will also be a place where teachers grow, and are empowered by the process.

interagir com ela fazendo uma entrevista. Na ocasião, eles também puderam apreciar a produção artística dela por meio da apresentação de um samba de roda que ela compôs. Uma oportunidade de ir além dos conhecimentos de vocabulário e estruturas linguísticas e de vivenciar a língua em sua amplitude de materializações e funções sociais. Nunca esquecerei o orgulho e a felicidade da minha "mainha" ao falar para os amigos e vizinhos que tinha dado aula nos Estados Unidos. O processo de empoderamento de mulheres vai além dos benefícios que envolvem desenvolvimento econômico, mas também os que envolvem propósitos pessoais, crescimento e realização.

A sala de aula é um espaço de diversidade linguístico-cultural, de colaboração criativa, de vivências, de encontros e de conflitos, de interações entre pessoas e suas crenças, de produção de histórias e memórias. Muitas vezes, porém, a conquista acadêmica está estreitamente ligada à leitura, matemática e ciência - e longe das habilidades para a vida, incluindo a aprendizagem e o ensino sensíveis ao gênero.

Considerações finais

Este estudo surge da necessidade de um maior embasamento teórico quanto a abordagem de ensino de línguas numa perspectiva sensível a questões de gênero, de modo a buscar apontar indicativos para uma ação docente que permita produzir além de conhecimentos, atitudes que nos permitam ser e agir interculturalmente e transformar práticas de exclusão.

O processo de ensino-aprendizagem intercultural é um esforço contínuo de superação de uma visão tradicional solidamente estabelecida, baseada no dualismo entre "certo" e "errado". Nesse sentido, propor atividades que promovam a autonomia, criatividade e senso crítico, equilibrando teoria e prática; avançar em busca de novas ideias e recursos que facilitem o processo de desenvolvimento de um genuíno diálogo entre falantes de diferentes culturas são práticas essenciais a serem desenvolvidas pelos profissionais de ensino de línguas no contexto contemporâneo.

Os modos como se constroem e reconstroem as representações sobre as mulheres na sociedade e a sua produção artístico-literária precisam ter espaço nos materiais didáticos e nas práticas de sala de aula de PLE. A fim de superar estereótipos e preconceitos em torno da figura feminina, é importante que educadores incluam no âmbito das suas instituições, nos currículos, nas práticas pedagógicas cotidianas e nos materiais didáticos, discussões sobre as tensões e conflitos próprios das relações de gênero e sobre as desigualdades profundas dos papéis sociais das mulheres e dos homens na nossa sociedade

Referências bibliográficas
Batliwala, S. "The Meaning of Women's Empowerment: New Concepts from Action." In G. Sen, A. Germain and L. C. Chen (eds.), *Population Policies Reconsidered: Health, Empowerment and Rights*, Boston: Harvard

University Press, 1994, pp. 127-38.

Hooks, bell. *Teaching to Transgress: Education as the Practice of Freedom*. Routledge, New York, 1994.

Kabeer, Naila. "Resources, Agency, Achievements: Reflections on the Measurement of Women's Empowerment." *Development and Change*, vol. 30, no. 3, 1999, pp. 435-464.

León de Leal, Magdalena, and Srilatha Batli. *Poder y Empoderamiento De Las Mujeres*. UN, Facultad de Ciencias Humanas, Bogotá, 1997.

Louro, Guacira L. "Gênero, Sexualidade e Educação: Das Afinidades Políticas Às Tensões Teórico-Metodológicas." *Educação Em Revista*, no. 46, 2007, pp. 201-218.

Louro, Guacira L. Uma leitura da história da educação sob a perspectiva do gênero. *Revista Projeto História*, São Paulo, v. 11, p. 31-46, nov. 1994.

Mendes, Edleise. Por que ensinar Língua como Cultura? In: Santos, Percília & Alvarez, Maria Luisa Ortiz. *Língua e Cultura no Contexto de Português Língua Estrangeira*. Campinas, SP: Pontes, 2010.

Stromquist, Nelly P. "Women's Empowerment and Education: Linking Knowledge to Transformative Action: Women's Empowerment and Education." *European Journal of Education*, vol. 50, no. 3, 2015, pp. 307-324.

4.2 ANÁLISES SOBRE A AFETIVIDADE NO PROCESSO DE APRENDIZAGEM NAS AULAS DE PORTUGUÊS PARA ESTRANGEIROS - UM CASO DE ESTUDO EM AULAS DE PLE NO SUL DA ANDALUZIA

Giselle Menezes Mendes Cintado
Universidade Pablo de Olavide

Resumo: Os aspectos cognitivos não se separam dos emotivos (Arnold, 1999), já que as emoções fazem parte da razão. O debate que traz à tona cultura e sociedade permite uma estreita vinculação com a dimensão afetiva no contexto de aprendizagem de uma língua estrangeira. Este ensaio surgiu com a finalidade de contribuir à promoção do papel da dimensão afetiva em contexto de ensino e aprendizagem de Português como Língua Estrangeira (PLE) para hispanofalantes e alunos estrangeiros do Programa Erasmus no sul da Espanha. Indagaremos, entre outras questões, qual seria a influência da afetividade no ensino de português como L2 e qual o papel dos processos interculturais nas aulas de PLE aqui mencionadas. Nosso referencial teórico inclui autores como Peukert *et al* (2015), Arnold *et al* (2000), SkinNer (1994), bem como Seligman (2002), Peterson & Seligman (2004), Norton (2000) e, não menos importante, Dörnyei (2001). Todos esses autores tratam temas como, por exemplo, o papel da motivação e a afetividade no ensino de línguas estrangeiras, estratégias motivacionais em aulas de segunda língua, interculturalidade, a aplicação das teorias linguísticas à teoria e à prática do ensino de línguas em aulas de PLE.

Palavras-chave: Afetividade, Motivação, Português como Língua Estrangeira, Linguística, Erasmus.

Introdução

Toda situação de aprendizagem, aqui neste ensaio relacionada com a afetividade em aulas de segunda língua, deveria estabelecer discussões que permitam analisar a realidade dos alunos de PLE (Português como Língua Estrangeira) envolvidos com os estudos atados, em palavras de Arnold (2009), aos aspectos afetivos, ou seja, "the affective aspects of language learning and teaching", para que os mesmos prosperem em suas competências cognitivas e na aprendizagem da língua portuguesa (LP) em um ambiente com sujeitos ativos na construção do conhecimento. Coelho e Campos (2004) afirmam que "as situações de aprendizagem devem ser sempre as mais significativas para o aluno, para que ele possa mobilizar e transferir conhecimentos e competências, suportes essenciais da sua aprendizagem."

Anelamos, com este trabalho, desenvolver no discente o pensamento crítico e reflexivo, tendo sua identidade e cultura acopladas a um entorno harmonioso e com alternativas para solucionar os possíveis conflitos entre alunos, professores e a comunidade ao seu redor, em especial em ambientes multilíngues (como é o caso do grupo de alunos estrangeiros aqui pesquisados).

Modelos Teóricos

Em aulas de PLE, é possível tratar o ensino de português a estrangeiros sem nos preocuparmos com o fator da afetividade em sala de aula?

Em que medida podemos articular o cognitivo com o cultural e a aprendizagem de uma segunda língua ao ético e humano em um ambiente com alunos estrangeiros em aulas de PLE?

Devido ao número razoável de estrangeiros (em especial do Programa Erasmus[1]) nas aulas de Português como Língua Estrangeira (PLE) entre 2010 e 2017 no CELP - Centro de Estudos de Língua Portuguesa, com sede em Sevilha (Espanha), o ambiente era multicultural e cheio de variações na fala e escrita da Língua Portuguesa (LP) ali estudada. Os discentes vinham da Hungria, Polônia, Alemanha, Itália, Inglaterra, França, Bélgica, Venezuela, Colômbia e Espanha. O contexto estava relacionado ao estudo da LP e suas variantes - Português europeu (PE) e Português brasileiro (PB), além de pesquisas em forma de seminários sobre a LP falada nos Países Africanos e o português falado em Timor-Leste para os níveis do A1 ao C1 (A1, A2, B1, B2, C1, C2: os níveis do Marco Comum Europeu de Referência para as Línguas).[2]

Os alunos deste curso tinham estudos em seus respectivos países tanto na variante europeia como na brasileira da LP. Havia sempre um rol de perguntas comuns dos aprendizes em relação à norma culta ou à gramática descritiva, se esta estava voltada ao ensino do português para falantes de espanhol (já que era um curso lecionado nas cidades de Sevilha e Huelva, a primeira a 145 Km e a segunda a 63 Km da divisa com o sul de Portugal) ou se a aprendizagem poderia ser feita de modo simultâneo com o português falado em Portugal e no Brasil. Imaginar esse ambiente de variação no estudo da LP deve ser levado em consideração especialmente quando o quadro discente seja formado por alunos que tenham tido professores portugueses e brasileiros nos seus estudos no exterior como alunos do Programa Erasmus.

Sabemos que a perspectiva teórica resulta quase sempre em implicações práticas. A surpresa de encontrar um grupo de alunos tão variado também

---

[1] Protocolo Erasmus, Ação Erasmus ou ainda Programa Erasmus foi estabelecido em 1987, é um programa de apoio interuniversitário de mobilidade de estudantes e docentes do Ensino Superior entre estados membros da União Europeia e estados associados, e que permite a alunos que estudem em outro país por um período de tempo entre três e doze meses.

[2] QECRL - O Quadro Europeu Comum de Referência para Línguas divide o conhecimento dos alunos em três categorias, cada uma com duas subdivisões: Falante básico (A1 Iniciante, A2 Básico), Falante independente (B1 Intermediário, B2 Usuário independente) e Falante proficiente (C1 Proficiência operativa eficaz, C2 Domínio pleno).

gerou a busca de como trabalhar, por exemplo, os temas gramaticais e o uso da linguagem de uma forma mais pragmática. Muitos destes alunos traziam a ideia de que aula de qualidade em uma L2/ L3 deveria conter muitos exercícios, perguntas com questões somente para serem assinaladas, interpretação de textos com exercícios repetitivos de localização e cópia de partes desses textos (Ex.: Procure no texto a frase que.... , Localize no texto o trecho que... , Assinale com um "x"... , Transcreva duas expressões do texto... etc.).

Criar uma atmosfera agradável em sala de aula vai além de sugestões que estejam assentadas somente a um grupo de normas gramaticais e/ou estratégias motivacionais. Em palavras de Dörnyei (2001: 50), este ambiente busca docentes comprometidos com estratégias que criem uma norma de tolerância, aceitem os erros como parte natural do aprendizado e crie riscos (*risk-taking*).

É importante salientar que os espanhóis matriculados neste curso (oriundos, na sua maioria, da região da Andaluzia) também motivaram observar o fenômeno que gira em torno do mito da facilidade no processo de ensino-aprendizagem de PLE pelos falantes de espanhol, em palavras de Alonso Rey (2012: 64), questionando a existência desta ideia, isto é, "se os alunos espanhóis realmente pensam que aprender português seja fácil". Faz-se patente, ainda nos estudos de Alonso Rey (2012), que a proximidade da LP com a Língua Espanhola (LE)

> gera a seguinte equação: posto que é muito parecido, é muito fácil". Além disso, "este mito é uma percepção do aprendiz sobre o processo de aprendizagem, esse processo é visto pelo aluno como uma tarefa fácil, como se não fosse necessário colocar um grande empenho na tarefa. (Alonso Rey 2012: 66)

A importância do estudo da cultura e sua concepção também enfatizam o efeito das emoções, já que, em palavras de Osório (2008: 98) a cultura é um constructo histórico, como concepção ou como extensão do processo social, e não é apropriado dizer que ela exista em alguns contextos e outros não.

A influência da afetividade em contextos educacionais (Arnold, 1999: 7) pode conduzir a um aumento da autoestima e do autoconhecimento, visto que a afetividade deveria ser levada em conta de diferentes formas, notadamente no processo de tomada de decisão. Em geral, os aprendentes são influenciados por uma gama de sentimentos e não aprendem em um ambiente onde impere a ansiedade e o estresse. Ainda segundo Arnold, a relação entre afeto e o aprendizado de línguas é bidirecional. Assim:

> As we teach the language, we can also educate learners to live more satisfying lives and to be responsible members of society. To do this, we need to be concerned with both their cognitive and affective natures and needs. The relationship between affect and language learning, then, is a bidirectional one. Attention to affect can improve language teaching and

learning, but the language classroom can, in turn, contribute in a very significant way to educating learners affectively. Ideally, we keep both directions in mind. (1999: 3)

O ser humano é um animal social. Pode até sobreviver em um meio conflitante, mas necessita de afeto, precisa sentir-se parte de algum grupo familiar, comunitário, do trabalho, da escola, etc. Em relação ao ensino de segundas línguas, essa afeição não está do lado oposto do cognitivo:

It should be noted that the affective side of learning is not in opposition to the cognitive side. When both are used together, the learning process can be constructed on a firmer foundation. Neither the cognitive nor the affective has the last world, and, indeed, neither can be separated from the other. (Arnold, 1999)

Gonçalves (2016: 5) lembra-nos que "o ensino de línguas estrangeiras está em constante movimento" e vai além ao afirmar que "quanto mais conhecemos o sistema cognitivo humano, mas somos levados a renegociar metodologias e abordagens, numa busca constante pela eficácia e eficiência das nossas práticas pedagógicas", aqui práticas relacionadas com o ensino de PLE. Tais práticas devem seguir um dos princípios fundamentais para um ensino/aprendizagem eficaz que é a *centragem no aprendente* (Tavares, 2008: 34), isto é, "será a análise das necessidades e dos objectivos do público aprendente, que dependem de diferentes factores (cognitivos, afectivos, psicológicos e biológicos), que dará origem à sua identificação e, por consequência, à definição da metodologia a adoptar."

De qualquer forma, levamos em consideração neste ensaio as seguintes questões nas aulas de PLE aqui analisadas: 1) Como os aprendentes reagem às oportunidades da oralidade em sala de aula quando não há interesse de resposta? 2) A interação com a língua alvo (português) é socialmente estruturada? Vai além da prática em sala de aula? 3) Como podemos, efetivamente, avaliar a falta de afetividade em aulas de segundas línguas?

Algumas dessas indagações podem estar relacionadas com a consciência que muitos aprendentes têm quando se deparam com uma oportunidade maior de fala e interação com a língua alvo, já seja no mercado de trabalho, viajando ou mesmo por estudarem tão próximos da fronteira com o sul de Portugal. Apesar dessa proximidade, os alunos que fizeram parte deste estudo ainda indagam: quão significativo é aprender a língua do país vizinho? Poderia ter mais contato com a língua-alvo no meu próprio entorno? Sobre este aspecto, citamos Norton (2000: 25): "In natural language learning, the learner is surrounded by fluent speakers of the target language, but in the formal classroom, only the teacher (if anyone) is fluent", e acrescenta Norton (2000) que o indivíduo "is described with respect to a host of affective variables such as her or his motivation to learn a second language".

As situações de aprendizagem são diversas, mas devem ser sempre as mais relevantes para o aprendente, já que lidam com as emoções e "os campos da motivação e das emoções estão muito próximos" (Skinner, 1994: 181a), em concreto em aulas de segundas línguas. Segundo Skinner (1994: 180), há de trabalhar as operações emocionais, estados estes que desde a frustração e o medo e a alegria ou a felicidade, podem diferir em tantos modos quantas as diferentes circunstâncias que os une ou separa. O docente deve pôr em prática o reconhecimento de diferentes emoções em sala de aula, já que "qualquer privação extrema age provavelmente como uma operação emocional" (Skinner, 1994: 181b) e seria contrária à formação de um bom utilizador da língua ao não saber ouvir e compreender o discente, suas opiniões e inquietações. Desta forma, buscamos valorizar o exercício do pensamento reflexivo. A prática reflexiva contribui para as fases necessárias para o desenvolvimento de cada competência. Assim, de modo progressivo, o indivíduo/aluno terá este processo metacognitivo atado, significativamente, à situações de aprendizagem relevantes, já sejam estas práticas de funcionamento da língua, produções textuais, etc. Essas mesmas situações de aprendizagem não deveriam ter um foco exclusivo nos erros, em citação de Peterson & Seligman (2004: 58), "an exclusive focus on what is wrong with people can lead us to overlook what is right and precludes the possibility that one of the best ways to undo someone's weakness is by encouraging his or her strengths".

Já no que diz respeito à situações de risco[3] onde o aprendente passa por um processo de desenvolver fortalezas e capacidades (Seligman, 2002), tais como as habilidades interpessoais, o valor, a fluência ou mesmo a visão de futuro, pode ocorrer a promoção de ações otimistas que previnam uma aprendizagem em um ambiente enfermo, isto é, um ambiente em que o aluno não tenha "a tomada de consciência do que sabe, do que não sabe, do que aprende, do que falhou, do que falta aprender, da estratégia que utilizou, contribuindo para o desenvolvimento do pensamento crítico e para a formação global, multidimensional e estruturante" (Coelho e Campos, 2004: 4). Todos esses fatores contribuem para a motivação do aluno, aqui neste ensaio, alunos universitários.

Logicamente, este grupo de alunos com uma notável variedade de nacionalidades não pode ser analisado como um grupo homogêneo em resultados que poderão variar de acordo com o interesse da língua estudada. Este aspecto encontra o pensamento de Perkert (2005):

---

[3] O ambiente de sala de aula sempre implica mecanismos que interagem com as dificuldades do aprendente no qual "a promoção de estratégias de superação adequadas ao processo de ensino-aprendizagem indica que cada dificuldade é encarada como oportunidade para o desenvolvimento de atitudes de cooperação e responsabilidade" (Coelho e Campos, 2004:28). Os estudos de Seligman (2002) afirmam que as pessoas desejam algo mais do que superar suas dificuldades ou corrigir suas fraquezas e medos, já que "há chegado o momento de contar com uma ciência cujo objetivo seja entender a emoção positiva e aumentar as fortalezas".

Students of language are a very particular group and by definition they show a certain interest in the language studied. There are many more ways in which university students are different and not at all representative of the 'multilingual' in general.

De modo consequente, não podemos generalizar os resultados desses estudos que comprovaram, por exemplo, que mais de 50% dos alunos espanhóis neste ensaio acreditavam que o português não teria níveis de dificuldade lexical e sintático devido às semelhanças entre essas línguas. O que não ocorria com a opinião sobre essa mesma aprendizagem com os alunos estrangeiros de Erasmus, oriundos de diversos países. Em uma região que deveria estar mais acostumada a ouvir o português (em razão da sua proximidade com o Algarve), já que o sul da Andaluzia não é considerada uma região bilíngue espanhol-português, haveria, pois, de fomentar projetos educacionais que viabilizassem políticas linguísticas eficazes para o estudo do português em colégios públicos e em cursos de graduação nas universidades andaluzas. É fato que muitos dos entrevistados neste questionário imaginavam nos seus primeiros meses de curso de PLE em Sevilha que a semelhança dos dois idiomas (português e espanhol) não faria com que estudassem mais profundamente este idioma. Achavam também que a aprendizagem seria mais rápida pelo aproveitamento dos conhecimentos da L1 (da língua materna dos espanhóis aqui analisados) e suas semelhanças com a LP. Sobre este aspecto, comungamos do pensamento de Rey:

O conhecimento ou competência que o falante possui em sua própria L1 ajuda o aprendiz na construção da interlíngua, no progresso do conhecimento do sistema linguístico de uma L2. Dado que existe uma proximidade entre os dois sistemas que implica uma coincidência parcial dos mesmos, esses conhecimentos já disponíveis na L1 facilitarão a aprendizagem da L2, entendendo este processo como a construção de um novo sistema linguístico. Ocorre, neste sentido, uma apropriação da L1 para o desenvolvimento da L2. Rey (2012: 51)

Considerações Finais

"A Lusofonia atravessa hoje um extraordinário momento de pujança e de afirmação cultural à escala mundial que não é possível escamotear" *(Knopfli: 2003).*

A importância de conhecer as necessidades reais do corpo discente aqui mencionado, no que se refere ao processo de aprendizagem da LP no campo da afetividade em aulas de segundas línguas, busca favorecer um ambiente investigativo não somente no campo linguístico, mas também neste novo espaço que estes aprendentes de PLE escolheram para estudar a língua do país vizinho - a região da Andaluzia, ainda tão carente de Políticas Linguísticas que fomentem o ensino de português não somente em Institutos de Idiomas, mas em todas as escolas no ensino público andaluz.

É importante destacar que todo este entorno fronteiriço entre o sul da Andaluzia e o sul de Portugal também fomenta a busca de um maior aperfeiçoamento do português através de cursos que possam preparar estes alunos espanhóis ou de outras nacionalidades (como os alunos do Programa Erasmus), com imensa diversidade linguística e cultural, para o CAPLE – o diploma oficial de português como língua estrangeira da Universidade de Lisboa.

Buscamos, por fim, aguçar nos meios acadêmicos a continuação dos estudos da importância das aulas de PLE na Andaluzia no que se refere ao campo da afetividade em aulas de segundas línguas, a fim de estabelecer uma base mais sólida para a aprendizagem da língua-alvo tratada neste artigo, o português, seja este o estudo do PE ou PB.

Referências bibliográficas

Arnold, Jane (Org.) Affect in Language Learning Cambridge Press, 1999.

Coelho, Maria da Conceição; CAMPOS, Maria Joana. *Ensino Recorrente de Nível Secundário - Cursos Científico Humanísticos Programa de Português 10º Ano*, Ministério da Educação: Portugal, 2004.

Dörnyei, Z. Motivational strategies in the language classroom. Cambridge: Cambridge University Press, 2001.

Gonçalves, Luís (Org.) Fundamentos do Ensino de Português como Língua Estrangeira. Boavista Press: USA, 2016.

Knopfli, Francisco. (2003) *Aliança Lusófona In Seminário do Projeto Câmara nos 500 Anos "Idioma e Soberania - Nossa Língua, Nossa Pátria"* 03.03.2003 [Disponível em http://www.teiaportuguesa.com/webquestslinguaportuguesa/aliancalusofona.htm]

Norton, Bonny (2000) Identity and Language Learning: gender, ethnicity and educational change. Harlow: Longman.

Osório, Paulo. Meyer, Rosa Marina (Org.) Português Língua Segunda e Língua Estrangeira - da(s) teoria (s) à(s) prática (s). Editora Lidel: Lisboa, 2008.

Peterson, Christopher y Seligman, Martin (2004). Character Strengths and Virtues: A Handbook and Classification. Oxford University Press.

Peukert, Hagen (Org). Transfer Effects in Multilingual Language Development. University of Hamburg, John Benjamins Publishing Company, 2005.

Rey, Rocío Alonso. La transferencia en el aprendizaje de portugués por hispanohablantes. Salamanca: Luso-Española de Ediciones, 2012.

Seligman, Martin (2002). La auténtica felicidad. Ediciones B.

Skinner, B. F. Ciência e Comportamento Humano. SP, Martins Fontes,

1994.

Tavares, Ana. Ensino Aprendizagem do Português como Língua Estrangeira. Editora Lidel: Lisboa, 2008.

4.3 A PROPOSAL TO READ THE VERBAL, NONVERBAL AND SYNCRETIC TEXTS: EXPLORING THE PERCEPTION OF MEANING

Valdenildo dos Santos
Universidade Federal do Mato Grosso do Sul
Purdue University

Abstract: In this paper, the concepts of intersemiotic translation based on Roman Jakobson (1959) and Júlio Plaza (2003), kinesthesia in Julia Kristeva (1979), kinetic, esthetic, and pathetic effects in Fernando Poyatos, Nícia Ribas D'Ávila (1991)) and synesthesia in Santos (2014) and the analysis of the cartoon "Morte e Vida Severina" by Miguel Falcão, an audiovisual version of the homonymous poem by the poet from Pernambuco João Carbal de Melo Neto as a basis for reflections on the use of some pedagogical strategies and perspectives for the reading of the verbal, nonverbal and syncretic texts, as poetry, the poem musicalized from the static to the dynamic plane, in an intersemiotic process, as a modal object of the motivation in the exploration of soul states of the subjects studied in learning languages and literature. As intersemiotic, semiotic and semiotic concepts of visual semiotic theory are presented and applied to the *corpus* in question, it is hoped to instigate reflections and generate the suggestion that the theories listed here translate into a set of techniques for reading the image, works of art, and other syncretic texts such as propaganda and / or televised political discourse and comic books that can act as important motivators for language teaching.

Keywords: Reading, Semiotics, Verbal Language, Non-verbal Language, Syncretic Language, Visual Figurativeness.

Introduction

This work intends to present the intersemiotic relations and analysis of the audiovisual version of "Morte e Vida Severina" by the cartoonist Miguel Falcão, adapted from the homonymous poem by the poet from Pernambuco, João Cabral de Melo Neto, changed from the static plan to the dynamic movement. From this point of view, signs and their transmutations are observed in the transposition of the messages that carry the expression from one form of expression to another, keeping its initial characteristics.

The intersemiotic process has inspiration in Júlio Plaza and his work "Tradução intersemiotica" (2008) and in Roman Jakobson who explains it as the transmutation, the interpretation of textual signs by other nonverbal signs. Based on that definition, I may say that the creation of the cartoon "Morte e Vida Severina", based on the poem by João Cabral de Melo Neto by Miguel Falcão, seeks to translate in a kinetic way the meanings found in the poem, encompassed by verbal language. Therefore, we have here the combination of non-verbal and verbal language, what is called syncretic language.

The Theory of Figurativeness by Nicia Ribas D'Ávila, based on the semiotics of Algirdas Julien Greimas is used here as a tool to show the meaning effects, the oppositions, the discursive aspects that cover the text, and finally the visual-thematic isotopy of rectilinear character, encompassing rectilinear "lines", what D'Ávila names "tracemas", because they are lines that take us to meaning for the retraction of the verb-imagery (syncretic) character of the text.

The work of art for Walter Benjamin and the translation for Roman Jackobson.

Walter Benjamin, in his essay "A obra de arte na era de sua reprodutibilidade técnica" (1955), dealt with the path taken by art, mainly after the advent of photography and, later of the cinema. Aspects such as translation and adaptation became widely reproduced and appreciated by people of different cultures and languages. From the moment art ceased to be allotted in one place, it was considerably limited in its scope.

In relation to translation itself, Roman Jackobson, in his paper "Aspectos linguísticos da tradução" (1959), distinguishes three possible processes that occur separately (or not): One performed within the verbal signs of the same language (intralingual), another performed between verbal signs of different languages (interlingual), and a third one called intersemiotic translation or transmutation, which consists of interpretation of verbal signs by non-verbal signs (64).

These non-verbal signs are also studied by the Paris School's semiotics, when its followers dwell on non-verbal or syncretic language, and they bring within themselves a manipulation by seduction to their observers, when they draw the attention of the observer to the object of analysis, as someone who stops before a painting. The simple stop already is an indication that he/she was seduced to look at the picture. In attempting to understand it, to decode the message posed therein, or even to interpret it more objectively in the bias of any theory, we have a second manipulation that emerges, which we call provocation, into semiotic terms. It is as if the picture could tell the observer: "I doubt you can decipher me, you can tell me what I am!".

The aesthetic sign (predominant in the arts) for Júlio Plaza (2008) has particularities that must be taken into account in the translation processes, since it "não quer comunicar algo que está fora dele, nem distrair-se de si pela remessa a um outro signo, mas colocar-se ele próprio como objeto" (25), and such characteristics directly influence how the receiver of the work will react to this sign: "Daí que ele esteja apto a produzir como interpretante simplesmente qualidades de sentimentos inanalisáveis, inexplicáveis e inintelectuais"(Plaza 25).

These feelings, however, can be interpreted in the light of the effects of the aesthetic, kinetic, pathemic and even synesthetic meaning, if we investigate them in the reaction, for example, of someone who is silent in a classroom and soon begins to react through the sound of a song that is played on the piano, for example.

The untranslatability of the aesthetic sign.

Questions about the possible untranslatability of the aesthetic sign have been raised by area theorists since a few years ago. For some of them, the difficulties related to translation would be mitigated, if the translator sees his work as a form of transcription, not just a substitution of support and equivalence of meanings. From that perspective, translating requires much more than any automatism. It is necessary that in this process, analysis, criticism and knowledge of the specificities inherent to each work coexist, as Plaza says:

> a tradução como forma estética, não é uma simples transferência de unidade para unidade, do complexo de um sistema sígnico para outro, pois toda unidade constrói o seu sentido e significação numa unidade maior que a inclui. Assim, não se traduz termo a termo, traduz-se sincronicamente os aspectos envolvidos. (72)

Plaza distinguishes three types of intersemiotic translation: one based on the (iconic) principle of similarity, another that is based on the contact between original text and its translation, in which the immediate object changes and carries part or all the information of the original (indicial), and the translation occurred by an established contiguity, that is, when there is much more importance in the cultural and intellectual aspects that surround the translated sign. This classification has its inspiration in Charles Sanders Pierce's semiotics.

Kinesthesis, the aesthesis, the pathology and the synesthesia

The kinesthesis is also referred to as kinesthesia, the perception of body movements. As a song that someone starts playing into a classroom, which can make changes in the body position of students and their movements, without relying on information from their five senses.

Ray L. Birdwhistell (1970) explains that "A análise quinésica dedicou-se primeiro ao estudo do comportamento motor encarado em si mesmo, independentemente de qualquer interação com a linguagem verbal" (145), distinguishing at least three criteria for studying variations: Intensity, amplitude and speed.

Julia Kristeva in "O gesto, prática ou comunicação" (1979) speaks of the beginning of the kinesthesia in the American ground through the linguistic and the kinesthesists (79-85). She says that the people who study it indicate Darwin as a pioneer in the communicative study of movements, followed by the work of Franz Boas, which marks the initiation of the American kinesthesis, emphasizing that "foi sobretudo a investigação antropológico-linguística de Edward Sapir, particularmente a sua tese de que a gestualidade corporal" which informs us of a "código que deve ser aprendido com visa ao êxito da comunicação" (79).

Regarding the effects of sound, Valdenildo dos Santos in his paper "Semiótica como objeto modal para uma leitura crítica de enunciado em língua inglesa" (2012/2013) says that "todo o corpo sofre os efeitos da ressonância, inclusive a própria pele" (8), following Algirdas Julien Greimas steps, who used to say that beyond the five senses, the whole body responds to sound.

Nicia Ribas D'Ávila in her paper "Semiótica Musical e Sincrética no Marketing" (1998), says that music, like every work of art, has the power to trigger aesthetic, kinetic and pathemic meaning effects (461-466)[1].

Fernando Poyatos in "La Comunicación no verbal II. Paralenguaje, Kinésica e Interacción"(1994) explains the term kinesis by dividing it into three parts: "cinética , parte de la mecânica; cinesiología, que trata del mecanismo de nuestros movimientos; cinestésica y sinestesia, ambas definidas como uno de los sentidos y como percepción secundaria respectivamente" (186). Therefore, a gesture, a breath, or even a ticking of a clock can provoke a stimulus in somebody body's movement. Regarding the gesture itself it should be understood as something cultural.

Santos in his paper "A música e seus efeitos de sentido no ensino de Inglês" (2013) says that the term estese designa a "sensibilidade do sujeito observador, suas sensações diante da obra de arte, seja esta de caráter musical, literário ou pictórico" (96). The Brazilian semiotician has added a fourth effect to those three detected by D'Ávila and Poyatos: the synesthetic effect, which is encompassed by synesthesia, when a certain type of stimulation evokes the sensation of another, as a sound of a song produces a visualization of a color, a sensation in one part of the body, or even a description of a kind of sense impression.

In relation to the pathemic effect, as Santos puts it, "é o apaixonamento do sujeito, a sensação de completude, invocando, evocando e explorando os sentidos" (6). The word pathemic comes from the "Greek *pathos* 'suffering'; related to *paskhein* 'suffer' and *penthos* 'grief'" as we see in most word origin dictionaries.

---

[1] For you to have an idea of the number of publications, please go to <http://www.niciadavila.com.br/>. 5 Anais do SIELP. Disponível em: <http://www.ileel.ufu.br/anaisdosielp/wp-content/uploads/2014/11/78.pdf>. Acesso em: 28 nov. 2016. 6 Disponível em: <http://www.releituras.com/ joaocabral_bio1.asp>. Acesso em: 10 maio Link I. 2015. Disponível em: <http://tvescola.mec.gov.br/tve>. Acesso em: 29 nov. II Link2016.

The various versions of "Morte e Vida Severina" by João Cabral de Melo Neto.

The dramatic poem "Morte e vida severina" by João Cabral de Melo Neto, released in 1955, was commissioned by Maria Clara Machado for an assembly that ended up not happening by her hands, only having its first edition known in 1965 by the hands of the director Roberto Freire. That version was brought into music by Chico Buarque de Holanda.

João Cabral de Melo Neto always made it clear that he wanted his poem to reach the less privileged classes of society, so he worked to make his work popular not only in the lines used in his poem "Morte e Vida Severina", but also in the subject matter, bringing a main character named Severino, whose hunger is within, and drought is his place of living, a wilderness permeated by death in almost the entire poem, except for the final lines in which the character is faced with the birth of a boy, an event that has intimate connection with the story of the birth of Jesus in Christian culture.

Since its publication in 1955 the dramatic poem has been receiving theatrical presentations and various adaptations in a process of inrtersemiose. The first installation took place in 1966 at the Theater of the Catholic University of São Paulo (PUC), followed by new adaptations such as the 1977 film (along with another poem by the Melo Neto called "O rio" by Zelito Viana) and the musical balloon network directed by Walter Avancini in 1981.[1]

The cartoonist Miguel Falcão from Pernambuco produced and published a comic version of it in 2005. That version kept the full poem by João Cabral de Melo Neto. An adaptation of this version was made by the "Joaquim Nabuco Foundation" in partnership with "TV Escola" in a series of adaptations called "Poemas Animados", and that is the adaptation focused on the analysis that follows. The poem adapted for a cartoon version is understood here as the poem set in motion, the kinesthesia.

The passage from the poem to the cartoon: The kinesis, the dance of the signs

Santos in "A música e seus efeitos de sentido como motivadores no ensino de línguas[2] (2014)" explains that "O quinésico fala-nos dos movimentos e posições de cunho psicomuscular conscientes ou inconscientes do sujeito diante de uma cena visual ou da emissão de um som qualquer" (120). From this viewpoint, the character reacts with movements already known by the person in charge of the adaptation, and both the speech and the other sounds are placed to cause reactions in the viewer, putting him/her feel into the poem itself, as part of what he/she would feel when reading the poem. This explains why in certain moments of the poem/cartoon, the speech of the

---

[2]   http://publicacoes.unifran.br/index.php/dialogospertinentes/article/viewFile/803/622 visitado em 27/08/2017.

characters gains the rhythm of a prayer, repeated in unison at the burial of the farmer. In other situations, it becomes calm and reflexive, especially in the moments in which Severino questions the situation he lives. It is in these moments when the voice gains tones of wailing that it questions the very importance of the struggle for life, even when emerged in an environment in which the only possible means of survival is that one which deals with death, in the words of the "mulher na janela": "Como aqui a morte é tanta/só é possível trabalhar/nessas profissões que fazem/da morte ofício ou bazar".

The semiotic theory by Greimas.

In the Greimas model (1979), there is a scheme to show the path by which meaning is generated within the text, privileging what the text says, in the way it says what it says in terms of syntactic and semantic components.

In the first level of reading, the semi-narrative structures are presented at two levels: The deep one, in which the syntax and fundamental semantics appear, and the surface level, on which the superficial narrative syntax and narrative semantics can be verified.

In the second level, discursive syntax and semantics are verified. They belong to the discursive structures where discursive syntax is looked over by the reader, as the broad terms of discursiveness, such as the actor, the time, and the space he/she/they act out. Encompassed in discursive semantics, readers may seek the figurativeness that leads to the thematization (209).

The generative path			
	syntax component		Semantic component
Semi-narrative structures	Deep Level	**Fundamental Syntax**	**Fundamental Semantic**
	Surface Level	**Narrative syntax Of surface**	**Narrative semantic**
Discursive structures	**Discursive syntax** discursiveness actorialization temporalization spacialization		**Discursive semantic** Thematization Figurativization

The semiotic theory of figurality by D'Ávila.

D'Ávila, in her book "Semiótica Sincrética Aplicada: Novas Tendências"

(2007), says that not only Greimas, but also Charles Sanders Peirce was important in her researches on sound blocks and rhythm, when she had studied the American semiotics for five years, before embarking on Greimas's theory of meaning, and defending her doctoral dissertation under Greimas's guidance at the University of Sorbonne, France, in the 1980s.

D'Ávila discovered that the thymic reception of the euphoric/dysphoric sound blocks work as an active aspect, occurring the same with the work of art (figurative or otherwise), called effect of meaning in the semiotics of the Lithuanian master. This meaning effect may have as a synonym "the category of firstness" in Peirce (2001).

With her researches on Peirce's semiotics, D'Ávila saw the various levels of iconicity as a function of the percept, such as: globalized/individualized quality, or collective rule (D'Ávila 71).

She quotes Greimas, when he says that these initial instances, whose meaning cannot yet be articulated, are considered as meaning effects, the only reality apprehensible, but which cannot be immediately grasped.

This is what we call semiosis, which Greimas name as an act situated at the level of enunciation, whose manifestation, the utterance-discourse, corresponds to the referential illusion as referred to by Roland Barthes.

D'Ávila's studies on the proposal of a theory that seeks out what comes before figurativeness begins in France when she attended the classes of Greimas. She seeks to go beyond figurativeness, trying to unveil the secrets of figurality, developing a series of articles over more than 30 years of research, culminating with the organization of two books which reunite articles of Brazilian and French researchers, most of them advised by herself on their thesis and dissertations: "Semiótica Sincrética Aplicada: novas tendências" (2007) and "Semiótica Verbal e Sincrética Verbo-Visual e VerboMusical, Teorias e Aplicabilidade" (2015). In both books and several articles, she proposes the davilian theory applied to visual communication, plastic arts, music and literature, with the exploration of symbolism and semi-symbolism.

In terms of her theory of figurativeness, also known as the davilian theory, or theory of figurality, as it appears on her book of 2007, she says that:

> "Para caracterizar a figuratividade em semiótica visual e elucidar a natureza dos conteúdos nela investidos, propomos demonstrar a existência de uma organização rítmico-formal, relacional, interativa – constante de uma organização universal fundamentada nos eixos semânticos a) da figuralidade (simbólico) e b) do figurativo (semisimbólico)" (D'Ávila 28).

Her proposal is established in the demonstration that there is a rhythmic-formal, relational and interactive organization, originated from a fundamental, universal organization based on figuration, the world of the symbolic, and on the continuity, the world of the semi-symbolic.

It is based on this premise that D'Ávila defines abstract art as "free forms" of expression that lead to "infinity of combinations", when it assumes an aspect of novelty, from the point of view of its production.

The producing subject, in other words, by the abstraction and freedom of its form, has this power to produce various combinations that seem to have no end. For these reasons, she affirms that the abstract art is nothing more than the "desemantization" (deconstruction) of the sensitive object, which becomes devoid of all denominational value, through all intrinsic signification (D'Ávila 29). This is how D'Ávila creates the concept of "figurer I", so that it can refer to representation.

Quadro 1

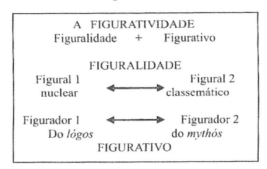

The "figurative I" is part of the *logos*, whose meaning is "word", as we can see in the study of word origin back in 1880. From this theoretical view, the addressee of the artistic message is supposed to decode, to extract the presence of the "figurer" from the figurative image. It is the receiver of the message that will add what she calls "crescensas do seu significado como imagem representativa de objeto do mundo natural", authorizing phrases like "all image is metaphorical" (D'Ávila 31).

Quadro 2

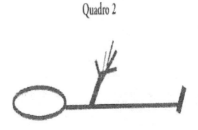

She explains the semiotic square of visual figurativeness through figures 1 and 2 which will compose the semantic axis of Figurality, and the "figurers"

1 and 2, which belong to the semantic axis of Figurativeness, whose sum of both translates into Visual Figurativeness (D'Ávila 29). Picture two, which she names "quadro 2", in her book (2007), shows a scratch of her proposal, when a circle, a straight line on the horizontal, and other lines in inclination have meaning, what she calls as the figural that comes before the figurativeness.

It is this search for the essence of things, of the phenomena, of the "being" of the subject, which we do not find, which is, in my opinion, the frustration of the analysts and artists, as Pablo Picasso had already pointed out in his bull line. D'Ávila (2007) tries to solve that puzzle by proposing her theory and explaining the new terms, creating neologisms through derivation as the "formema complexo", which she defines as,

> "aquele que possibilita a análise do referente interno do texto ou objeto semiótico, permitindo que o mesmo possa ser interpretado pelas somas contextuais extraídos dos seus figurais classemáticos dos tipos "manchas", ou primitivos figurativos, geradores de isotopias rimas plásticas, projeções (D'Ávila 34).

Quadro 3

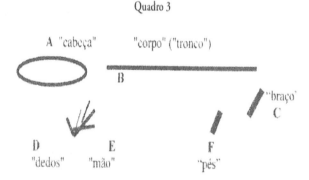

She explains that the excess of inclination (extracted from/ft. above/) shows the isotopy of ascending diagonality, directed to the right, indicative of an intentionality of rhythmic movement" (36) and that at the level of meaning, in the content plane, non-verbal changes are made by virtue of the need to extract the contents of the represented, represented and re-presented plastic material in view of the qualification and quantification of the substance of the expression"(40), as we shall see in the general picture of the Gerative Path of Meaning in the visual manifestation based on the same path already outlined by Greimas, which I reproduce here as a model for the analysis of the nonverbal and syncretic texts.

Quadro 6

PERCURSO GERATIVO DO SENTIDO NA MANIFESTAÇÃO VISUAL Dra. Nícia R. D'Ávila CONTEÚDO (= SIGNIFICADO) NO TEXTO VISUAL SUBSTÂNCIA DO CONTEÚDO (Variável) + FORMA DO CONTEÚDO (Invariável)		
Substância do CONTEÚDO Variáveis perceptíveis	FORMA do CONTEÚDO (nível superfical) FIGURAL/FIGURATIVO	FORMA do CONTEÚDO (nível profundo) FIGURAL
a) Presentificação Simbólica (denotativa) (Figural 2) Arte abstrata e variantes ******* b) Representação Semi-simbólica (denotativo-conotativa) Figurador 1 - "do *lógos*" Aquilo que a imagem representa; a história retratada com fidelidade ao figurativo e implicação com o semantismo verbal ******* c) Re-representação (conotativa) Figurador 2 - "do *mythós*". A representação do objeto é acrescida da subjetividade interpretativa do analista cujos acréscimos fundam-se no seu repertório e na criatividade.	Denotativo 1) Ritmo + 2) Aspecto. 1) O Ritmo dos espaços (na proxêmica): englobante x englobado; simétrico, assimétrico e misturado; 2) Aspectos: incoativo, durativo e terminativo, contínuo, descontínuo/ não-descontínuo/não-contínuo; na espácio-temporalidade, os planos: p1, p2, etc., e espaços: e1, e2; e2", e2"', etc., (Contorno x contornado). Perspectiva (superfícies e volumes), proporcionalidade. Dimensão/posição/orientação; rimas plásticas simples e complexas determinantes da natureza dos classemas. Projeções sintagmáticas Planos isotópicos Função de síncopa (figural) Formema total/parcial (ft/fp) Conotativo Implicação verbal = rimas poética-míticas e funções de síncopa no figurativo. Ponto de tensão. Figurema; ponto de transição Imagema:	Denotação - categorias semânticas geradoras de isotopias: semas responsáveis pelas quantificações/qualificação da figura: 'punctuema', 'tracema' 'angulema', 'colorema', 'cromena', 'saturema', 'texturema', 'densirema', 'largurema', 'poietema', 'sincopema', extensurema', 'figurema', 'projetema', etc., Em articulação nos Quadrados Semióticos para determinação da Forma, abstrata, sistêmica, paradigmática extraída de isotopias da: retilineidade (horizontalizada/verticalizada, diagonalizada/perpendicularizada, cruzada 1/ cruzada 2); da curvilineidade côncava: (horizontalizada, verticalizada, diagonalizada ascendente, diagonalizada descendente); Da curvilineidade convexa: (horizontalizada,verticalizada, diagonalizada ascendente, diagonalizada descendente). Projeções paradigmáticas por extrapolação da forma, da cor ou do movimento, suprassegmentais. Conversões*
Estruturas Discursivas - Figural 1 Nuclear - arcabouço das formas figural e figurativa; Propulsor e Condensador das Substâncias e Formas do Conteúdo por rupturas e suprassegmentação		
NÍVEL da EXPRESSÃO (Significante) no Texto Visual		
Substância (Variável) Físico-ótico-química Não é pressuposição da forma	Forma (Invariável) pressupõe a substância O sistema visual: rede de traços distintivos relacionais, agregados e ordenados em linguagem ora pictural ora gráfico-artística.	

* Seus termos se transformam em valores investidos nos objetos sintáxicos, podendo ser convertidos em figuras e em ícones do mundo cujas regras de conversão constituem um dos testes fundamentais da coerência da teoria semiótica (Greimas; Courtés, s.d., p. 87).

D'Ávila's theory is much wider than what I present here, but I believe it is enough for us to see its applicability in the cartoon "Morte e Vida Severina" as a model for analysis of syncretic texts.

Morte e Vida Severina by Miguel Falcão.

Although the design on the agenda is rich in its scope, its placement into discourse and analysis would be impracticable for the modality of the article that I propose here, so I delimit it to two "takes" that show, briefly, the greatness of the theme explored both by John Cabral de Melo Neto and Miguel Falcão.

I begin, then, the analysis by showing the semantic category evidenced in the title of the poem, the one that speaks of the life in opposition to the death. The interesting thing is that the narrator, from the point of view of the poem, via title, in a linear way, speaks first of death, and then he speaks of life, reversing the natural principle that to exist death, life must first exist. Should Neto's poem not to be called "Vida e Morte Severina" instead of being named "Morte e Vida Severina"?

In the back of the image, as a second plan, we can see lots of lines which D'Ávila calls "tracemas", insisting that they have meaning as articulators of isotopies of diagonality and inclination, as in the head of a baby who denotes he/she is sleeping or the steep inclination of a roof.

In the first plan, we can see Severino himself, a man without a hat, as a roof who still resists, whose marks appear in his face, showing the thinness that leads to think of a bone-man. The marks ("tracemes", for D'Ávila) on his face, the diagonality in his hat, all of them make a poetic rhyme, as man and nature would be the same object.

The inclination of a man who looks down, but still resists by standing up. He never stops walking. He keeps on in search of surviving. Severino is the representation of the common northeastern man, a common man affected by the dryness of the land, by the poverty of life, by the indifference of the other men.

The image in its entirely reinforces the idea of the itinerant with his back to his land, in a spatial displacement in search of the transformation from a state of dryness to humidity, from sterility to fertility, from coldness to warmth, from despair to hope.

Although this bone-man situation is in the foreground figure, it seems to merge with the very nature of the arid, raw earth in the background as if the first (nature) were the reflection of the second (man, culture). Severino does not give up. He's still on his feet.

The verticality of life is opposed to the horizontality of death, represented by the marks (tracemas), lines that intersect, which intertwine like a hammock on which a body rests, in which lies a body without life.

These same lines also form a large part of the spaces portrayed, such as the ground, the sky and the plants, transmitting all the aridity already revealed by the immense empty spaces that appear as the background of the animation.

The verbal language of the poem meets with the non-verbal support, when the drawing shows the entry of the figure of the "cactus" to indicate the discursive character that advances and covers the whole text, making clear the visual-thematic isotopy of rectilinearity (encompassing rectilinear lines (tracemas)), for the retraction of the verb-syncretic character, as shown in the image that follows[3]:

The animation already carries in its title the opposition life versus death, which directly affects the choice of white versus black color, which are the predominant colors in the drawing and that are commonly associated with death and life in the culture of west.

According to D'Ávila (2015, p.108), "tracemas" (those lines that mean) are the "semes" of the dots/line, i.e. the dashes or lines joining the dots, "pontuemas" for D'Ávila, a series of dots. She refers to the line in her second book of 2015, as a unity of base which has meaning in the instance of figurality:

A linha, enquanto iteratividade dos pontos/traços, é uma unidade de base mínima primitiva e significativa na imagem. Ela é, enquanto signo, a menor distância entre dois pontos/traços. Essa linha tem superfície, posicionamento, direcionalidade e finitude, definida por seus tracemas [...] (D'ÁVILA 108).

The curvilinear "tracemas" (lines) are less frequent in the animation, they are mainly in the characters who live in the less arid part of the northeast, in which Severino finishes his trajectory. If rectilinear lines (tracemas) are used to expose misery and hunger, the curvilinear act in the opposite direction, demonstrating the vivacity, the youth, the dynamics of life, as in the example of the child born at the end of the poem by João Cabral de Melo Neto.

The isotopy of horizontality is fundamental to animation. Wonders, graves and funeral matters are themes that converge on the theme of death as opposed to life. The division between the clean white sky, representing the strong sun, and the cracked ground with a tiny number of plants have the same semantic representation of life as opposed to death. The poem emphasizes earth and sky as extremes.

---

[3] Morte e vida Severina – desenho animado Fonte: disponível em: <http://tvescola.mec.gov.br/tve/ home>.

166

The animation cut-out (takes) shows the bone man who falls apart and becomes a skull-man in a representation of death as opposed to life in which his bones had clothed. That is the way that we get to the figural as opposed to the figurative, that initial line from which the idea of man arose, in the presupposition of existence, of having lived life, already belonging to the figurative level, in the impression that it is by death, by the emptiness and the divestment of ourselves that we get to the essence of being, that initial line or dot from which we or that object emerged, the crack of the earth, the crack of the feet, the fusion of the natural with the cultural. In the end, the human, the product of a culture, the phenomenon that appears at the level of appearance as a man becomes, in a fusional isotopy, in the figural, in the numenal, as the product of nature itself. Although skull men, representing death, curvilinear lines make the difference, because they are responsible for the kinesis, for the movement, for the dynamics as opposed to the statics of the poem, formed by rectilinear lines. These are the primitive figures that will become figurative, the first of the order of expression and the second of the plane of content.

The isotopy of verticality as opposed to horizontality is notorious in the image taken from the animation which marks the passage from the static form in the first figure, when the skull man reminds us of the bull line of Picasso. It is the attempt of the analyst and the producer of the animation, of the poet, finally, of all those who are concerned with the meaning of life to find its essence, the initial line, the very first dot that has started that specific being, which, at the level of immanence is more to death than to life.

Final Considerations

The researches and the preliminary results on investigating the meaning within the text must go on. My reflections worked here as a provocation and a suggestion for other professors, scholars and researchers to look for the difficulties of students when before texts, their tools to interpretation and their way to get to meaning.

A proposal of pedagogical strategies and methodological perspectives for the reading of texts in an objective way before the eyes of a theory seems to me important not only for the students and teachers to work with the verbal, but also with nonverbal and syncretic texts. From this point of view, a poem put in motion by an animation like "Morte e Vida Severina" by Miguel Falcão is interesting material to motivate and instigate students for reading in a critical way.

When we work with this kind of didactic material, we stimulate what I call of indirect learning, for example, of the intersemiosis that we have when a producer recreates a work of art, as a poem, in a version as an animation or a movie, or even the nonverbal processes as in an image, or the syncretic language in a song, in a work of arts, or in comics.

167

The analysis of the animation "Morte e Vida Severina" by the light of greimasian semiotics and the theory of figurality by Nícia Ribas D'Ávila, even from the perspective of the meaning effects, is important to empower the students with some strategies that will help them to increase their perception of meaning within the texts and motivate them towards the learning.

Bibliographic References

Barros, Diana Luiz Pessoa. *Teoria semiótica do texto*. São Paulo, ática, 1990.

_____. *Teoria Semiótica do Texto*. 5 ed. São Paulo: Ática, 2011.

Benjamin, Walter. *A obra de arte na era da sua reprodutibilidade técnica*. In: A ideia de cinema. Grunnewald, José Lino . Rio de Janeiro: [s.n.], 1961. p. 55-95.

Birdwhistell, Ray L. *A análise quinésica*. In: GREIMAS, A. J. Prática e linguagens gestuais. Lisboa: [s.n.], 1979. p. 143-158.

Charolles, Michel and, Ehlrich, Marie-France. *Aspects of textual continuity; linguistic and psicological approaches*. In: Texts and text processing. Poitiers, 1986, p. 22-25.

D'ávila, Nícia Ribas. *Approche semiotique du fait musical bresilien "batucada"*. Thèse de doctorat en Sémiologie Sous la direction de Algirdas Julien Greimas. Soutenue en 1987 à Paris 3.

_____. *Diálogos entre C. S. Peirce e A.-J. Greimas*. In: Aguilera, V. A.; Límoli, L. (Org.). Entrelinhas, entretelas: os desafios da leitura. Londrina: Editora UEL, 2001. p. 65-78.

_____. *Comunicação visual: simbolismo e semi-simbolismo na teoria semiótica da figuratividade visual*. In: (Org.). Semiótica sincrética aplicada: novas tendências. São Paulo: Arte e Ciência, 2007. p. 15-52.

_____. *Semiótica verbal e sincrética, verbo-visual e verbo-musical teorias e aplicabilidade*. Bauru, SP: Canal 6, 2015.

_____. *Semiótica Sincrética Aplicada: novas tendências*. [org.]. São Paulo: Arte e Ciência, 2007.

Eisner, Will. *Comics & sequential art*. Martins Fontes, 1999.

Fiorin, José Luiz. *Elementos de Análise do Discurso*. São Paulo, Contexto, 2000.

_____. *Elementos de Análise do Discurso*. 15 ed. Ática, São Paulo, 2014

Floch, Jean Marie. *Semiotics, marketing, and communication: beneath the signs, the strategies / Jean-Marie Floch; with a foreword by John Sherry; translated by Robin Orr Bodkin*. New York, N.Y. : Palgrave, 2001.

Greimas, Algirdas Julien e Courtés, Joseph. *Dicionário de Semiótica*. 2 ed. Editora Contexto, 1979.

_____. *Dicionário de Semiótica*. 2 ed. Editora Contexto, 2013.

Greimas, A. J. *Prática e linguagens gestuais*. Lisboa: [s.n.], 1979.

Jakobson, Roman. *Os aspectos linguísticos da tradução*. 20. ed. In: Jakobson, Linguística e comunicação. São Paulo: Cultrix, 1995.

Kristeva, J. *O gesto, prática ou comunicação?* In: Greimas, A. J. Prática e linguagens gestuais. Lisboa: [s.n.], 77-95. p.1979.

Koch, Ingedore Grunfeld Villaça. *As tramas do texto*. 2 ed. São Paulo: Contexto, 2014.

Lopes, I. C. Hernandes, N. (orgs) *Semiótica objetos e práticas*. 2 ed. São Paulo: Contexto, 2013.

Melo Neto, João Cabral de. *Melhores poemas João Cabral de Melo Neto*. 10. ed. São Paulo: Global, 2010. (Antonio Carlos Secchin, seleção e prefácio – Edla Van Steen, direção).

_____.*Obra completa*. 2. ed. Rio de Janeiro: Nova Aguilar, 2008.

Plaza, Júlio. *Tradução intersemiótica*. São Paulo: Perspectiva, 2003.

Poyatos, Fernando. *La Comunicación no verbal II. Paralenguaje, Kinésica e Interacción*. Ediciones Istmo. Madrid. Espanha, 1994.

Santos, Valdenildo dos. *A música e seus efeitos de sentido como motivadores no ensino de línguas*. Diálogos Pertinentes, Franca, São Paulo, v. 10, 2014, n. 1, p. 113-128.

_____. *A música e seus efeitos de sentido como motivadores no ensino de línguas*. Diálogos Pertinentes, Franca, São Paulo, v. 10, n. 1, p. 113-128, 2014.

_____. *A Música e seus efeitos de sentido no ensino de inglês* [Anais do] IV Congresso Internacional de Estudos Linguísticos e Literários [recurso eletrônico] / Organização: Germana Sales, [et al.]. ---- Belém: Programa de Pós-Graduação em Letras da UFPA, 2013. 102p. : il. P. 92-102. Modo de acesso: Congresso realizado na Cidade Universitária Professor José da Silveira Netto da Universidade Federal do Pará, no período de 24 a 27 de abril de 2013. ISBN: 978-85-67747-01-9 1. Lingüística – Discursos, ensaios e conferências. 2. Literatura – Discursos, ensaios e conferências. I. Sales, Germana, org. II. Título. CDD -22. ed.

_____. Semiótica como objeto modal para uma leitura crítica de enunciado em língua oinglesa. In: ABRALIN EM CENA CUIABÁ, 2013, CUIABÁ. UFMT-CUIABÁ, 2012. v. CDD 4. p. 1-15. http://abralin.org/site/publicacao-em-anais/abralin-em-cena-mato-grosso-2012/ Arquivo 8, 1, PDF.

_____. *Semiótica e a formação de professores de português e literatura de Três Lagoas*. Anais do SIELP 2014. Vol 3, nº 1. Uberlândia: EDUFU, 2014. ISSN: 2237-8758.

_____. *Identidade x Alteridade em "Flor de Aguapé", de Walmir Pacheco, na teoria greimasiana*. In. Semiótica verbal e sincrética, verbo-visual e verbo-musical – teorias e aplicabilidade/Nícia R. D´Ávila (org) – Bauru, SP, Canal 6, 2015.

_____. *Na interface das estratégias de leitura instrumental e a leitura crítica: Reflexões e Sugestões*. Diálogos Pertinentes, Franca, 2013.

Savioli, Francisco Platão, and Fiorin, José Luiz Francisco. *Para entender o texto: leitura e redação*. 17 ed. São Paulo: Ática, 2007.

SOBRE OS EDITORES

Eugênia Fernandes
University of California, Davis

Edvan Brito
University of Arkansas, Fayetteville

Célia Cordeiro
The University of Texas at Austin

Made in the USA
Middletown, DE
26 May 2019